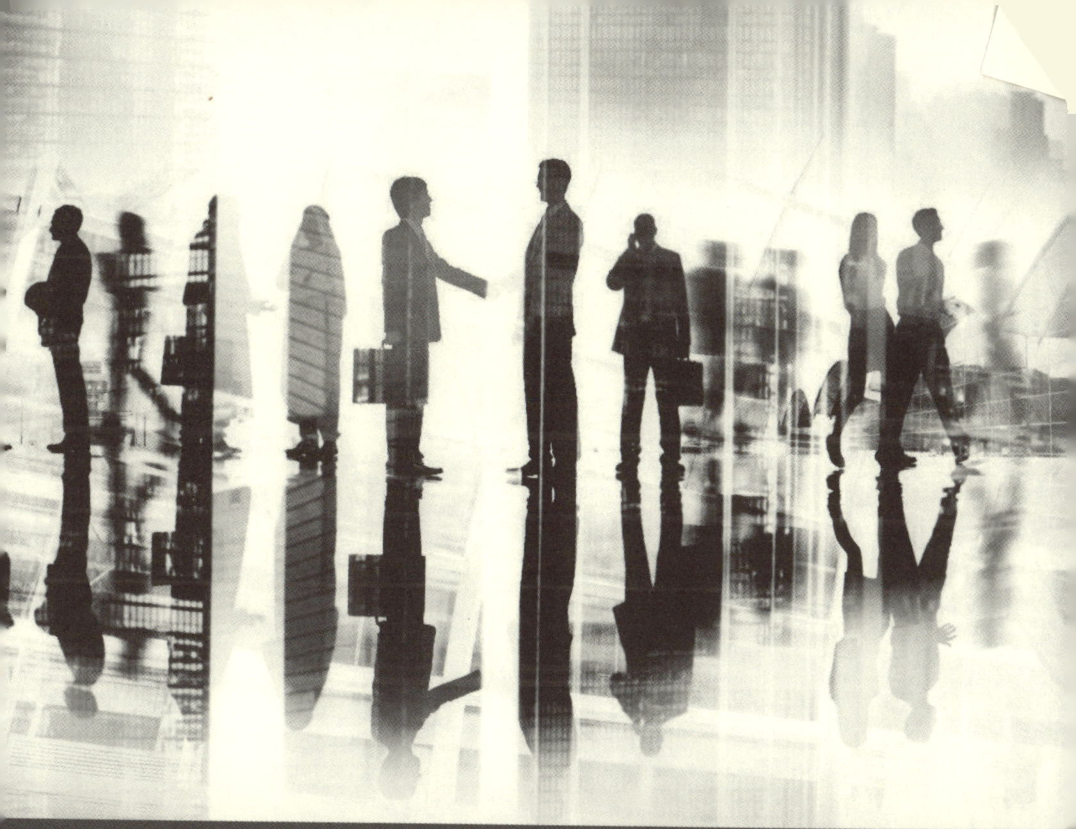

GESTÃO E DIMENSIONAMENTO DA FORÇA DE TRABALHO
PARA EMPRESAS PÚBLICAS E PRIVADAS

Como integrar Competências, Processos, Planejamento Estratégico e Dimensionamento da Força de Trabalho

Rogerio Leme

GESTÃO E DIMENSIONAMENTO DA FORÇA DE TRABALHO

PARA EMPRESAS PÚBLICAS E PRIVADAS

Como integrar Competências, Processos, Planejamento Estratégico e Dimensionamento da Força de Trabalho

QUALITYMARK

Copyright© 2015 by Rogerio Leme

Todos os direitos desta edição reservados à Qualitymark Editora Ltda.
É proibida a duplicação ou reprodução deste volume, ou parte do
mesmo, sob qualquer meio, sem autorização expressa da Editora.

Direção Editorial	Produção Editorial
SAIDUL RAHMAN MAHOMED editor@qualitymark.com.br	EQUIPE QUALITYMARK
Capa	Editoração Eletrônica
EQUIPE QUALITYMARK	PS DESIGNER

CIP-Brasil. Catalogação-na-fonte
Sindicato Nacional dos Editores de Livros, RJ

L569g

    Leme, Rogerio
    Gestão e dimensionamento da força de trabalho para empresas públicas e privadas: como integrar competências, processos, planejamento estratégico e dimensionamento da força de trabalho / Rogerio Leme. – 1. ed. – Rio de Janeiro : Qualitymark Editora, 2015.
    148 p. : il. ; 23 cm.

    ISBN 978-85-414-0206-4

    1. Administração de pessoal. 2. Planejamento estratégico. 3. Administração de empresas. I. Título.

15-24422

CDD: 658.3
CDU: 005.95/.96

2015
IMPRESSO NO BRASIL

Qualitymark Editora Ltda.
Rua Teixeira Júnior, 441 – São Cristóvão
20921-405 – Rio de Janeiro – RJ
Tel.: (21) 3295-9800

QualityPhone: 0800-0263311
www.qualitymark.com.br
E-mail: quality@qualitymark.com.br
Fax: (21) 3295-9824

Dedicatória

Ao meu filho, Eduardo.

À memória de meu pai, Eniciel. À minha mãe, Eunice, e a toda a minha família, meus eternos apoiadores em absolutamente tudo o que faço.

Aos meus fiéis amigos da Leme Consultoria, que me ajudam a cumprir a nossa missão de construir um RH Estratégico e integrar Gestão de Pessoas com Estratégia Organizacional. Sem eles, não teria conquistado nada. Devo muito a cada um: Elsimar, Célia, Renan, Julio, Marcia, Larissa, Romeu, Rosane, toda equipe de consultores, analistas, desenvolvedores, da infraestrutura ao pessoal do suporte, do comercial, da educação corporativa, do administrativo e de apoio. Essa conquista não é apenas minha. Ela é de cada um de vocês.

Em especial, neste livro, ao grande amigo Julio César Toledo, com quem troquei muitos pensamentos, ansiedades, expectativas e, porque não, angústias sobre a metodologia aqui apresentada e que, generosamente, dedicou seu escasso tempo para opinar e trocar valiosas experiências. Se isso não bastasse, ainda me presenteou com o prefácio deste livro.

Aos meus amigos da Qualitymark, em especial ao meu editor Mahomed, que desde 2005 acreditou na ideia de um cara desconhecido e que desejava gerar contribuições para o mundo de Recursos Humanos. Àqueles que acompanham meus livros, saibam que Mahomed é o grande responsável e uma pessoa que admiro muito, a quem terei eterna gratidão e fidelidade.

Aos meus clientes e parceiros, como Willyans Coelho e Patrícia Bispo, do rh.com.br, entre tantos outros que contribuíram e contribuem para o desenvolvimento dos meus trabalhos.

Tenho muito orgulho de tê-los ao meu lado neste importante marco que é meu décimo livro. Eu só consegui isso porque tenho cada um de vocês ao meu lado, correndo e fazendo acontecer tudo o que coloco nestas páginas.

Muito obrigado!

Rogerio Leme

Prefácio

Surpresa. Essa foi a minha sensação ao receber o convite para prefaciar o décimo livro de Rogerio Leme. Fiquei honrado pela deferência e tomado por um sentimento de contentamento, de satisfação, de felicidade. Além do respeito pelo profissional, que construiu uma sólida carreira e tornou-se uma referência nos meios acadêmico e empresarial, Rogerio é um grande amigo. Uma amizade que cultivo com muita atenção e carinho.

Passado o impacto inicial pelo convite e pensando um pouco melhor, lembrei-me que ser positivamente surpreendido por Rogerio Leme não é algo incomum.

Dono de uma percepção aguçada e grande capacidade para estabelecer conexões, Rogerio Leme está permanentemente em busca de novas soluções para os desafios do mundo corporativo. Por meio da integração entre os diversos sistemas de Gestão de Pessoas e Estratégia Organizacional, suas alternativas e soluções contribuem para que, cada vez mais, os RHs das organizações transformem-se em RHs efetivamente Estratégicos.

Como fica evidente ao longo de suas publicações, possui também uma grande habilidade para transformar teorias em prática, apresentando de forma clara e direta os métodos, ferramentas e exemplos que permitem a execução dos modelos propostos, de forma eficiente e, principalmente, eficaz. Mesmo as mais simples soluções por ele apresentadas com grande frequência levam-me a questionar: como é que eu não pensei nisso antes?

Há algum tempo eu sabia que ele tinha a intenção de escrever sobre Dimensionamento da Força de Trabalho e um pouco antes de ser convidado para escrever este prefácio tive o privilégio de ler, em primeira mão, os capítulos iniciais. Logo no título veio a primeira surpresa. Pensei: "Gestão do Dimensionamento", como assim? Dimensionamento é uma ação pontual, algo que se faz quando a equipe já não consegue dar conta do volume de trabalho ou quando há uma queda na demanda. É somente isso.

Ou não?

À medida que avançava na leitura essa dúvida se esclarecia. Isso fez com que eu me lembrasse das diversas vezes em que tive de dimensionar novas equipes e redimensionar tantas outras. O processo era artesanal, fortemente baseado nos erros e acertos do passado, o que me ensinou, na prática, algo muito importante: sucesso passado não é garantia de sucesso futuro. Algumas vezes, mesmo utilizando fórmulas que anteriormente haviam levado ao sucesso, o resultado obtido não era o esperado. Assim, ficou claro para mim a importância e a necessidade da Gestão do Dimensionamento da Força de Trabalho.

Ah, se eu soubesse disso antes! Muito tempo e noites de sono perdidas teriam sido poupados. Isso sem falar do receio de não ter sido certeiro nas decisões, além das possíveis consequências: hiperdimensionamento da equipe, com aumento desnecessário de custos; ou subdimensionamento, e a impossibilidade de atender às demandas do mercado com a rapidez e qualidade necessárias. O primeiro caso resultava em perda de rentabilidade, o segundo em perda de receita. Perdas que podem ser traduzidas como ineficiência, oportunidades perdidas e objetivos afastados do alcance.

Este livro aborda questões que transcendem o Dimensionamento da Força de Trabalho, envolvendo Gestão por Competências, Processos, Planejamento Estratégico, Gestão do Desempenho e outros, como, por exemplo, a técnica/ferramenta MAP (detalhada no capítulo 2), que, além de servir como base para o cálculo do Dimensionamento da Força de Trabalho, proporciona aos gestores a possibilidade de implantar mudanças táticas, distribuir tarefas e reorganizar suas equipes para que estas alcancem os resultados esperados e necessários.

Espero que, assim como eu, você se surpreenda com o conteúdo deste livro e encontre, nos exemplos, técnicas e metodologias apresentados por Rogerio Leme novas soluções para antigos desafios.

Julio Cesar Toledo
Gerente de Relacionamento com o Cliente da Leme Consultoria, sócio da empresa TDO Consultoria, atuou como Gerente nas áreas de TI, Comercial, Marketing e Administrativa/Financeira em empresas nacionais e internacionais de diversos segmentos, especialmente em indústrias gráficas e de serviços.

Sumário

Dedicatória V
Prefácio VII
Introdução XV
Siglas Utilizadas XIX

Capítulo 1– Gestão do Dimensionamento
da Força de Trabalho: A Integração de Conceitos 1
  Demanda e Tendência de *Mercado* 7
  Gestão de Processos 8
  Planejamento *Estratégico* 8
  Gestão do Desempenho 8
  Gestão por Competências 9
  Políticas de Gestão de Pessoas 9
  Gestão da Modernização 9
  Conceitos 10
  Benefícios da Gestão do Dimensionamento
  da Força de Trabalho 11

Capítulo 2 – Utilização do MAP como Base para o
Dimensionamento da Força de Trabalho 13
   Desafios da área de Gestão que podem ter o apoio do MAP 15
   Estruturação do MAP 19
   Formulário do MAP 21
   Distribuição das atribuições do MAP 25
   Benefícios da utilização do MAP 27

Capítulo 3 – Metodologias para o Dimensionamento
da Força de Trabalho 29
   Como não Fazer um Dimensionamento da Força de Trabalho ...30
   Abrangência do Dimensionamento da Força de Trabalho 32
   Princípios das Técnicas para o Dimensionamento
   da Força de Trabalho 33
   DFT por Indicadores de Referência 34
   DFT por Atribuição 36
   DFT por Produto 41
   DFT por Atribuições Principais – Uma variação
   do DFT por Atribuição 43
   Resumo das técnicas para DFT 44

Capítulo 4 – Parâmetros e Variáveis que Impactam
no Dimensionamento da Força de Trabalho 45
   Cálculo do Total de Horas da Jornada de Trabalho
   de um Colaborador 47
   Cálculo do Total de Horas Improdutivas 48
   Parâmetros de Horas Improdutivas Diretas 49
      i. Férias 49
      ii. Feriados 49
      iii. Educação Continuada 50
      iv. Bonificação 50
      v. Licenças e Afastamentos 50
      vi. Absenteísmo 52
      vii. Fadiga 52

viii. Interrupções 53
ix. Paradas Forçadas 53
x. Horas de Deslocamento 54
xi. Tarefas não Dimensionadas 54
Fatores de Risco para Determinação
do Fator Geral de Segurança 54
Cuidados ao determinar os Parâmetros e Valores
dos Indicadores de Referência para DFT 59
Fatores que Impactam a Produtividade 61
  Produtividade do brasileiro é a que menos
  cresce durante uma década 62
Sazonalidade ou Pico de Demanda Semanal,
Mensal ou Anual 64

Capítulo 5 – Exemplo de Aplicação
do Dimensionamento da Força de Trabalho 65
  Fases e Etapas para Implantação de um Projeto de DFT 66
  Exemplo do cálculo do DFT 69

Capítulo 6 – Saindo do Dimensionamento da Força
de Trabalho para a Gestão do Dimensionamento
da Força de Trabalho 73
  Mapa de Gargalo 74

Anexo I – Síntese da Metodologia da Avaliação
de Desempenho com Foco em Competências 79
  Avaliação de Desempenho não é Avaliação de Competências 80
  Competências Técnicas 80
  Competências Comportamentais 81
  A Ampliação do Conceito de Competências:
  Conceito da Entrega do Colaborador 82
  A Perspectiva Resultados e o Alinhamento
  com a Estratégia Organizacional 83
  A Perspectiva Complexidade 84
  A Mensuração do Coeficiente de Desempenho do Colaborador .. 85

**Anexo II – O Inventário Comportamental
para Mapeamento de Competências** 89
   Características do Inventário Comportamental 90
   A Metodologia 91
   Definição do Inventário Comportamental 92
   A Construção do Inventário Comportamental 92
   Orientações para a Aplicação do "Gosto/Não
   Gosto/O Ideal Seria" 95
   Competências Organizacionais 98
   Início do Processo Matemático 99
   Competências de Cada Função 99
   Competências de Cada Colaborador 101

Considerações Finais 107
Bibliografia 111
Sobre o Autor 113
Outros livros de Rogerio Leme 117

Introdução

Lembra de uma matéria chamada O&M – Organização e Métodos –, que era ensinada ainda nos tempos de faculdade? Bons tempos aqueles.

Se você for um profissional da chamada Geração Y, certamente não, pois essa matéria foi, ao meu modo de ver, "fragmentada" em diversas outras, como gestão de processos, gestão de projetos, análise de risco, entre outras.

Pode parecer saudosismo, mas não é. Hoje, vivemos um problema nas empresas públicas e privadas com a sensação que falta mão de obra nas organizações e que precisamos contratar, cada vez mais, mais pessoas para dar conta da demanda atual.

Certamente, parte dessa sensação está relacionada à forma como os trabalhos estão estruturados e organizados, pois a fragmentação da Organização e Métodos aliada à velocidade do mundo atual fez com que características de visão sistêmica e foco em produtividade fossem deixadas em segundo plano e, muitas vezes, até mesmo esquecidas.

A alternativa é resgatar os princípios da "Organização e Métodos" e, juntamente à distribuição dos trabalhos, definir parâmetros de referência para, então, monitorar a produtividade das áreas.

Somente a definição do quantitativo da força de trabalho, ou seja, o Dimensionamento da Força de Trabalho, não é suficiente para o desafio das empresas justamente devido à velocidade em que ocorrem as mudanças. É preciso evoluir para a Gestão do Dimensionamento da Força de Trabalho.

A escolha da técnica para o dimensionamento é importante e fundamenta o valor de referência da estrutura organizacional, gerando impactos na capacidade da organização sustentar os valores a serem gerados para clientes ou sociedade.

Contudo, o monitoramento e a necessidade de alterar os parâmetros de produtividade decorrentes das mudanças organizacionais e até estruturais são essenciais para permitir que a empresa não apenas gere e entregue valor para clientes ou sociedade, mas que o faça com viabilidade econômica e financeira.

O desafio passa a ser, portanto, o desenvolvimento de uma cultura de gestão que permeie toda a organização e que permita ao gestor visualizar onde estão os pontos de intervenção que precisam ser tratados em uma cultura de gestão. É a Gestão do Dimensionamento da Força de Trabalho.

Muitos são os subsistemas de Recursos Humanos e as ferramentas de administração: Planejamento Estratégico, Competências, Desempenho, Modernização, entre outros.

Ignorar esses subsistemas e ferramentas ou querer executá-los de maneira isolada, sem integração, talvez seja o grande equívoco das empresas, normalmente movidas pela ansiedade de querer acompanhar a velocidade do mundo contemporâneo.

Geralmente, ao sermos expostos a um desafio, queremos logo sair executando, afinal, temos prazos que precisam ser cumpridos, entregas a serem realizadas. Mas, a que custo? Com qual preparo? Como garantir a sustentação desses resultados?

Organização e Métodos! Vamos resgatar esses princípios e utilizá-los a nosso favor, afinal, Metodologia é tudo. Organização é tudo.

Ainda que tenham realidades e culturas diferentes, os princípios trabalhados neste livro são totalmente aplicáveis para empresas Públicas e Privadas, com pequenas, mas importantes adaptações, que serão apresentadas caso a caso.

Modelos de gestão são importantes e devem ser utilizados. Metodologias de trabalho, também. Mas, como gerar essas integrações para ser mais assertivo e poder acompanhar a evolução da Gestão de Pessoas e da Estratégia Organizacional?

Vamos descobrir como resolver essas questões, ou no mínimo, trazer um outro olhar para, quem sabe, gerar contribuições de forma que você tenha sucesso não apenas na definição do quantitativo de pessoal, mas na Gestão do Dimensionamento da Força de Trabalho.

Boa leitura!

Siglas Utilizadas

Caro leitor,

Neste livro iremos utilizar algumas siglas para facilitar a leitura e a referência aos principais termos e nomenclaturas que irão nos acompanhar nas próximas páginas. Segue, portanto, a relação delas para que você possa se familiarizar.

ADC	Avaliação de Desempenho com Foco em Competências
BSC	*Balanced Scorecard*
CDC	Coeficiente de Desempenho do Colaborador
DF	Descrição de Função
DFT	Dimensionamento da Força do Trabalho
DSR	Descanso Semanal Remunerado
FGS	Fator Geral de Segurança
GPC	Gestão por Competências
GDFT	Gestão do Dimensionamento da Força de Trabalho
MAP	Mapa de Atribuições por Produto

MP	Mapeamento de Processos
NCC	Nível de Competência do Colaborador
NCCf	Nível de Competência do Colaborador em relação à função
NCCo	Nível de Competência do Colaborador em relação à organização
NCE	Nível de Competência do Entrevistado
NCF	Nível de Competência da Função
TI	Tecnologia da Informação

Capítulo 1

Gestão do Dimensionamento da Força de Trabalho: A Integração de Conceitos

Gestão do Dimensionamento da Força de Trabalho – **GDFT**. E agora, será que estamos diante de mais uma sigla para compor o "modismo" da administração que a cada dia lança ou "relança" uma nova ferramenta?

Antes de falar da Gestão do Dimensionamento da Força de Trabalho, que será referenciada pela sigla **GDFT**, vamos falar sobre o Dimensionamento da Força de trabalho, utilizando a sigla **DFT**.

O DFT não é uma ferramenta ou necessidade contemporânea. Ter a identificação da quantidade de pessoas necessárias para a realização de determinado conjunto de atribuições é algo que Taylor, criador do método de tempos e movimentos já utilizava no século XIX para calcular a quantidade de funcionários necessários para a produção tomando como base um estudo minucioso de um "funcionário padrão". A partir daí o processo evoluiu, com a inclusão de outras variáveis como análise de *layout*, postura ou ergonomia no trabalho, cronometragem de tempos, fluxo de processo, balanceamento de fluxo, entre tantas outras que podem interferir na produtividade, ou seja, fazer uma tarefa bem feita com o menor tempo possível, justamente para que o funcionário possa produzir mais.

Tanto no século XIX como no final do Século XX, mais especificamente a partir do final dos anos 70 até os anos 90, que podemos citar como uma época marcante das indústrias brasileiras, com grandes transformações na relação empregado e empregador, automatização industrial, abertura de mercado, mudanças econômicas entre tantas outras, não vivíamos um mundo com tamanha complexidade e velocidade de mudança como a que vivemos hoje.

Muitos leitores deste livro já nasceram na época da internet e celular e não imaginam o que é viver em uma época em que era preciso entrar em uma fila para comprar uma linha de telefone fixo, que era considerada como um bem a ser declarado inclusive no imposto de renda, gerando o direito a ações da empresa àqueles que tivessem a sorte de adquiri-las junto à companhia telefônica. Uma época onde os carros se resumiam praticamente a seis ou oito modelos, como Fusca, Brasília, Passat, Chevette, Opala e Corcel.

Hoje, sequer conseguimos identificar os modelos que passam nas ruas. A informação está na ponta dos dedos, com acesso ao Google pelos nossos celulares. Antes, a busca pelo conhecimento somente ocorria através das enciclopédias Barsa ou Novo Conhecer ou, ainda, com visitas a bibliotecas. A velocidade de mudança era baixa ou, de forma exagerada, praticamente nula em comparação às mudanças e velocidades atuais.

Toda essa reflexão serve para contextualizar o fato que vivemos em um mundo onde as mudanças irão acontecer em uma velocidade cada vez maior e que essas mudanças serão cada vez mais complexas. Se tem algo que não é possível comparar é o DFT que era feito antigamente, baseado em processos quase imutáveis ou aplicados a uma área fabril com o que acontece hoje em dia em nossas empresas.

Isso significa que, se por acaso insistirmos em aplicar simplesmente o DFT em nossas empresas da maneira como era feito antigamente, ou seja, analisando tempos e movimentos, ergonomia, cronometragem, balanceamento de fluxo, entre outras questões a serem consideradas e ficarmos satisfeitos com o resultado alcançado, por mais preciso e perfeito que possa ser o número gerado, em poucos meses, quiçá dias, todo o trabalho irá para a gaveta ou para o lixo, pois o mundo lá fora está mudando em uma velocidade alucinante e uma empresa, para ser competitiva, precisa acompanhar essas mudanças, inclusive considerando a produtividade para ter um número adequado de colaboradores. É válido ressaltar, nesse contexto, que o excesso gera aumento de custos, assim como a falta de pessoal pode gerar custos e despesas como hora extra, perda de qualidade e, consequentemente, perda de clientes e de mercado.

Vamos considerar a visão de Thomas Henry Patten, autor do livro *Manpower Planning and the Development of Human Resources*, do ano de 1971, quando já citava o grande desafio do DFT de prever o número de funcionários necessários pelas características naturais da atividade, ainda mais sob um cenário de incerteza. Se essa dificuldade já existia há mais de 40 anos, quando não tínhamos internet, celular, Google, computadores e tablets, é possível imaginar o que ela significa hoje?

Vivemos em um mundo complexo, cujas mudanças acontecem rapidamente. Você conseguiria, por exemplo, imaginar-se tentando atravessar uma rua de alto tráfico com os olhos vendados e com uma informação referente à posição dos veículos de cinco minutos atrás? Impossível ou no mínimo muito arriscado, não é?

Isso justifica o motivo porque temos que evoluir de "apenas" um Dimensionamento da Força de Trabalho, o DFT, para a **Gestão do Dimensionamento da Força de Trabalho**, a **GDFT**.

O DFT está dentro da GDTF, entretanto, ele é apenas um fragmento de um sistema maior, que deve estar integrado a outros sistemas de Gestão, tanto de Pessoas quanto de Estratégia Organizacional.

A complexidade do cenário atual e, principalmente, a dificuldade em medir tempos e movimentos de áreas não fabris complementa a necessidade da evolução do DFT para o DGFT. Vamos debater essa questão.

Quando estamos em uma área de produção, podemos estimar o tempo que uma peça ou produto leva para ser gerado, afinal, estamos em um sistema linear. Mesmo com todas as dificuldades ou variáveis que o processo possa ter, a possibilidade de acerto é maior. Uma linha de montagem, a produção de uma peça, ou seja, tudo o que é produzido em escala ou mesmo em processos artesanais, ou "industriais-artesanais", como algumas famosas marcas de carros esportivos tem maior índice de assertividade.

Claro que não estamos falando de demanda de mercado, pois a demanda é um fator muito impactante no processo do DFT, porém, no que se diz respeito à execução daquela atividade fabril, podemos ter uma previsibilidade e controle maior, como comprovam os estudos e aplicações iniciados por Taylor.

O grande desafio está nas chamadas áreas onde não há governabilidade da complexidade dos processos demandados. Por exemplo, o CNJ – Conselho Nacional de Justiça – estabeleceu, para todo o Judiciário do Brasil, algumas importantes metas de forma a tornar os tribunais mais eficientes. Entre essas metas, a quantidade de processos julgados no ano deve ser maior do que a quantidade de novos processos do mesmo ano, evitando-se, assim, o acúmulo destes últimos.

Deixando de lado, momentaneamente, o importante e impactante fator "demanda", afinal, não há como prever ao certo a quantidade de processos que entrarão na Justiça, o fato é que, para julgar um processo, existe um fluxo e um procedimento claro e estabelecido. Por outro lado, não existe governabilidade alguma da complexidade desses processos, pois se em uma Comarca entrarem apenas processos mais simples, certamente ela poderá resolver todos os processos com uma velocidade maior, dando baixa e evitando o acúmulo indesejado. Processos de complexidade maior, entretanto, podem levar muito tempo para serem analisados, julgados e, então, saírem do "estoque indesejado".

Isso se aplica a vários casos, tanto do Setor Público, ao executar seus produtos, tais como concurso público, capacitação dos servidores, emissão de pareceres, quanto na iniciativa Privada, na emissão de contratos, na gestão da carteira de títulos a receber, na concepção de novos produtos, na geração de relatórios ou análises específicas, no atendimento às demandas do cliente, ou em qualquer outra atividade.

Cada vez mais teremos que aprimorar nossa capacidade em lidar com números e valores referenciais ao invés de números e valores absolutos. Em outras palavras, cada vez mais, em um mundo de constante mutação e de complexidade maior, a utilização de indicadores se faz necessária. É a ferramenta de combate que dispomos para a demanda do nosso mundo contemporâneo.

A capacidade de analisar tendências é o fator diferencial do profissional atualizado, até mesmo porque, na essência um indicador, não nos oferece a tendência, mas sim o registro de um fato que já ocorreu. Estudar a ocorrência e interpretar essas informações para a análise da tendência é essencial.

Isso ocorre, por exemplo, na área da Economia. A complexidade da análise de uma ação na bolsa de valores faz com que o profissional analise os indicadores agregando técnicas como a análise do cruzamento de médias móveis e indicadores de força relativa para a tomada de decisão. Sem dizer, é claro, de um componente chamado experiência e, mesmo com todos esses arsenais, continua existindo uma questão chamada risco, porém, trata-se de algo que pode ser gerenciado, controlado e até mitigado.

Na GDFT isso não poderia ser diferente. Agora, somente o DFT não possibilita essa visão e possibilidade de intervenção em um cenário cada vez mais complexo e mutável.

Podemos afirmar, então, que o DFT não gera um número absoluto e preciso, mas um valor de referência. Mais um ponto para aumentar a necessidade e importância da GDFT, pois é preciso aplicar inteligência e a visão sistêmica ao número gerado de forma a aumentar a produtividade, diminuir custos e despesas, reduzindo riscos e fazendo com que a empresa privada seja mais competitiva e que a empresa pública seja mais eficiente.

Componentes da Gestão do Dimensionamento da Força de Trabalho

Uma das questões que me intriga muito como consultor é a falta de integração das ferramentas de gestão que vejo nas empresas, de maneira geral. A cada dia, empresas públicas e privadas aderem, ou tentam implantar, as diferentes ferramentas de gestão que o mercado disponibiliza, tais como Gestão de Processos, Gestão por Competências, Avaliação de Desempenho, Gestão do Desempenho, Planejamento Estratégico, BSC – Balanced Scorecard –, Gestão de Projetos, Programas de Qualidade, Gerenciamento da Rotina, Programas de Incentivo, Programas de Gestão de Pessoas, Programas de Desenvolvimento Gerencial e assim por diante. É uma montanha de recursos e técnicas que, muitas vezes, para não dizer que na maioria das vezes, ficam perdidos ou soltos pelo caminho.

Cada uma dessas ferramentas são vistas como elos que conectam os subsistemas, entretanto, a falta de visão sistêmica, de diretrizes metodológicas integradoras e de entendimento dessas conexões fazem com que as empresas tenham cada um destes sistemas sendo trabalhados isoladamente ou com elos tão frágeis que se rompem, perdendo o potencial de ganho que a sinergia entre eles poderia gerar.

O objetivo, aqui, não é debater todas as conexões que deveriam acontecer em todos os subsistemas de gestão. Seria necessário um livro específico para isso, porém, no que se refere à GDFT, é nossa obrigação discorrer sobre os principais subsistemas de Gestão que dependemos para ter uma GDFT eficiente.

Assim, vejamos os componentes que integram a GDFT:

Figura 1: Componentes que integram a Gestão do Dimensionamento da Força de Trabalho

Demanda e Tendência de *Mercado*

O que o mercado está consumindo, quais as tendências, qual é o valor percebido e a ser entregue para o cliente, a média de consumo dos produtos ou serviços que a empresa está planejando em produzir ou atender. Quando estamos em um cenário onde não há governança de quantidade e de complexidade de demanda, como o exemplo citado dos Tribunais, o componente "Demanda e Tendência de Mercado" ganha uma relevância ainda maior. A análise dos registros históricos dos quantitativos demandados, bem como sua classificação em níveis de complexidade podem ser os norteadores para possibilitar maior acerto na previsibilidade das informações a serem consideradas no DFT.

Gestão de Processos

Ter clareza das etapas e gestão do fluxo do trabalho a ser realizado em direção à execução de determinados produtos é essencial para embasar estudos de qualquer processo de análise de tempos e movimentos, que serão a base das estimativas para compor o quantitativo de colaboradores demandados no cálculo do DFT.

Planejamento *Estratégico*

O Planejamento Estratégico pode determinar diretrizes essenciais para compor o DFT. Um exemplo muito simples, mas suficiente para ilustrar e justificar o Planejamento Estratégico como um componente da GDFT, é de uma empresa que utiliza o BSC e que venha a utilizar um indicador de tempo médio de atendimento ao cliente. Indicadores como este devem direcionar a constante observação do DFT de maneira dinâmica.

Gestão do Desempenho

Quando o DFT é realizado, seus cálculos consideram um determinado padrão de entrega de produtividade. Nos estudos de Taylor era o chamado "funcionário-padrão". De nada adianta ter processos mapeados, identificar todos os fatores que impactam a produtividade, efetuar cálculos precisos considerando que todos os colaboradores terão o mesmo desempenho do referendado "funcionário-padrão". É preciso monitorar o desempenho dos colaboradores não apenas com a avaliação de desempenho, afinal, avaliar o desempenho é importante, mas a avaliação mostra o passado. É preciso fazer a Gestão do Desempenho justamente para agir proativamente, de forma a garantir que os resultados estabelecidos pelas metas sejam alcançados. Deixo aqui a referência de dois dos meus livros que tratam sobre esse tema: *Gestão do Desempenho Integrando Avaliação e Competências com o Balanced Scorecard* e *Avaliação de Desempenho com Foco em Competência – A Base para a Remuneração por Competências*. Se você for de uma empresa do Setor Público, a referência do segundo livro fica sendo *Gestão por Competências no Setor Público*. Ambos os livros são da Editora Qualitymark.

Gestão por Competências

Se o desempenho do colaborador ou servidor não estiver adequado, significa que tais profissionais precisam ser treinados e desenvolvidos. Nesse caso, como é possível fazer a identificação das suas necessidades de treinamento e desenvolvimento de maneira objetiva e assertiva? Aqui entra a Gestão por Competências. Ter o DFT desconectado da Gestão por Competências – GPC – é engessar o modelo e não enxergar os pontos de intervenção para aumentar a produtividade. Na GDFT, a integração entre DFT e GPC é essencial, pois trata não o quantitativo, mas o **qualitativo** de pessoal, e isso tem impacto direto no DFT.

Políticas de Gestão de Pessoas

Considerar as políticas de Gestão de Pessoas, tais como movimentação funcional, seleção interna, programas de capacitação, é fundamental, pois isso impacta diretamente no cálculo do DFT. Embora essas políticas sejam normalmente estáveis, as mudanças que nelas ocorrerem ou àquelas que forem implementadas na organização devem ser consideradas no âmbito da GDFT.

Gestão da Modernização

A certeza das mudanças pode ser uma das poucas coisas que temos certeza em relação ao dia de amanhã. "Nada do que foi será de novo do jeito que já foi um dia", diz a letra da música *Como uma onda*, composta por Lulu Santos e Nelson Motta. Mudanças sempre existiram e sempre existirão.

A busca da excelência pelos princípios da cultura da qualidade dita o ritmo natural das organizações que, desde seu advento, fomentam a melhoria contínua, que são os pequenos ajustes em processos e procedimentos e também a melhoria radical, que são os grandes avanços de qualidade e produtividade, normalmente acompanhados de novas tecnologias.

Tanto na esfera privada, como o que ocorre nos modernos controles de logística e frotas, na Gestão Eletrônica de Documentos, quanto no Setor Público, a exemplo do Judiciário, com a implantação do PJe – Processo Judicial Eletrônico –, ou em ambos os setores, a informatização trazida pelos grandes sistemas de informática, os ERP's – *Enterprise Resource Planning* –, com informações que integram toda a empresa, todas essas ações demandam mudanças em processos e procedimentos. E se mudou o processo pelo fato de a Gestão de Processo ser um componente da GDFT, isso sofre impacto no DFT.

É fundamental, portanto, que em uma GDFT seja realizada a análise do impacto que as mudanças de melhoria radical e de tecnologia irão causar, justamente para fazer os ajustes necessários no DFT.

Conceitos

Mediante estes pressupostos, finalmente temos condições de conceituar o DFT e a GDFT:

Dimensionamento da Força de Trabalho (DFT) é o ato de determinar o quantitativo de pessoal necessário para realizar um conjunto de atribuições em um período mediante uma estrutura, demanda e condições de trabalho conhecidas ou estimadas.

Gestão do Dimensionamento da Força de Trabalho (GDFT) corresponde ao gerenciamento das informações apuradas pelo DFT, analisando os fatores quantitativos e qualitativos que geram impactos nos valores de referência atuais e futuros considerados no dimensionamento, provenientes da Demanda e Tendência de Mercado, da Gestão de Processos, do Planejamento Estratégico, da Gestão do Desempenho, da Gestão por Competências, das Políticas de Gestão de Pessoas e Gestão da Modernização da Organização, gerando condições para que se possa agir proativamente nos pontos de intervenção necessários para o aumento da produtividade e eficiência e efetividade organizacional.

A partir desses conceitos podemos concluir que o DFT representa o cálculo quantitativo de pessoal necessário para a organização. Portanto, é fato que ao realizarmos **um excelente DFT**, por mais completo que seja, teremos "apenas" uma ***excelente informação estática***. O foco é quantitativo para suprir uma demanda.

Contudo, a demanda do mundo contemporâneo em que vivemos exige mais do que isso. É preciso imprimir inteligência e gestão quantitativa e qualitativa, pois as informações bases do DFT são dinâmicas. A Gestão do Dimensionamento da Força de Trabalho permitirá, portanto, que a empresa aja proativamente nos pontos de intervenção necessários para o aumento da produtividade, eficiência e efetividade organizacional, de acordo com o movimento do mercado e da organização.

Assim, a GDFT requer um sistema de inteligência de acompanhamento de indicadores, permitindo prever e antecipar as necessidades futuras de pessoal, tanto quantitativo quanto qualitativo (desempenho e competências), alinhadas ao Planejamento Estratégico e das ações para o seu alcance.

Benefícios da Gestão do Dimensionamento da Força de Trabalho

- Definir o quantitativo de pessoal necessário para compor o quadro de colaboradores.
- Prever e antecipar as necessidades de pessoal quantitativo e qualitativo para atender às demandas provenientes do Planejamento Estratégico.
- Subsidiar a elaboração de concursos públicos (específico para o Setor Público).
- Analisar impactos mediante a mudança de cenário externo (ameaças e oportunidades).
- Subsidiar a área de Gestão de Pessoas com ações de integração, treinamento e capacitação.
- Criar referências de produtividade dos processos de trabalho.
- Impactar a cultura da produtividade a partir de padrões de entrega quantitativos e qualitativos desejados e preestabelecidos.
- Contribuir para o Planejamento Estratégico Futuro.
- Mitigar riscos, custos e despesas de pessoal.
- Aumentar a eficiência e a efetividade organizacional.

Capítulo 2

Utilização do MAP como Base para o Dimensionamento da Força de Trabalho

Antes de entrar nas metodologias do Dimensionamento da Força de Trabalho é preciso falar de uma ferramenta que servirá como base para o cálculo do DFT: o MAP.

O Mapa de Atribuições por Produto, ou simplesmente **MAP**, como vamos referenciá-lo, é uma ferramenta que tem como objetivo oferecer ao gestor de uma área ou unidade a definição e clareza de quais são os produtos que estão sob sua responsabilidade e quais as ações necessárias para gerar ou produzir estes produtos.

O propósito do MAP é funcionar como um mapa, justamente para que o gestor possa escolher a maneira mais eficiente de distribuir os trabalhos entre os membros da equipe de forma a aumentar a produtividade e desenvolver as competências dos seus colaboradores.

Inicialmente, parece que estamos falando de uma descrição de função, mas na realidade o MAP antecede a descrição de função, ou melhor, ele é a base para a sua construção. Mais alguns parágrafos e você poderá compreender a diferença.

Normalmente, existe uma crítica dos profissionais do Setor Público referente à necessidade de sempre terem que fazer as adaptações às metodologias de gestão que são construídas para a realidade da iniciativa privada, tais como a Gestão por Competências, o BSC, entre outras.

Os princípios da motivação humana, das diretrizes de liderança, da própria administração, na realidade, independem das características da empresa – Pública ou Privada. Entretanto, ao aplicar essas ferramentas no serviço público, a cultura e a maneira de superar os desafios do projeto são especiais neste setor em função das relações trabalhistas serem diferentes do setor privado, tais como o concurso público, o estágio probatório, a estabilidade do servidor, entre outras.

O MAP é fruto da experiência vivenciada na condução dos diversos trabalhos de consultoria que realizei pela Leme Consultoria e surgiu no Setor Público.

Assim, tenho a honra de inverter a percepção acima relatada, pois o MAP vem ao encontro das demandas específicas do Setor Público e que a Iniciativa Privada pode e deve utilizar.

O MAP está dentro de um contexto que integra Processo, Gestão por Competências e o Dimensionamento da Força de Trabalho, servindo como base para a Gestão de Pessoas e Organização e Métodos.

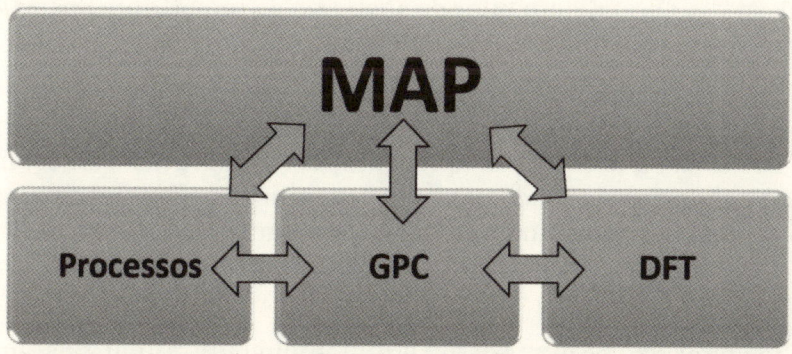

Figura 2: MAP como referência para Processos, Gestão por Competências e Dimensionamento da Força de Trabalho

Desafios da área de Gestão que podem ter o apoio do MAP

Independentemente de ser uma empresa Pública ou Privada, as organizações estão frente a alguns desafios comuns que causam impactos diretos na Gestão de Pessoas, no Desempenho e na produtividade. Vejamos como a aplicação do MAP pode trazer benefícios e proporcionar a mudança de cultura e superação.

De forma geral, podemos afirmar que as empresas não deixam claro para os seus colaboradores e servidores qual é o seu papel. Reflita: quando você entrou na sua área ou no setor, ao assumir a sua função, você recebeu uma relação detalhada de quais eram as atribuições específicas da sua área, as competências técnicas necessárias a serem dominadas, os comportamentos que você deveria demonstrar e ainda, quais as metas que deveria atingir? De forma detalhada e específica, não generalista? Quando entra alguém na sua área, você apresenta essas informações com esse nível de detalhamento?

Se a sua resposta foi sim, parabéns! É como deve ser feito. Por outro lado, se a sua resposta foi não, ou não com todos esses detalhes, você está diante de uma oportunidade de melhoria.

Primeiramente, é preciso entender que não há como cobrar **desempenho** das pessoas daquilo que não fora **empenhado**. O empenho antecede o processo de avaliação. Se não for feito dessa maneira você está quebrando um pilar de sustentação importante do modelo de gestão de pessoas: a **transparência**.

O que normalmente encontramos nas empresas é a seguinte situação: o colaborador ou servidor aprende o seu trabalho por "osmose". Ele chega à área, tem a apresentação e integração e ali ele fica. Aguardando e observando, sendo pouco utilizado, para não falar que fica ocioso. Isso ocorre porque não existe um procedimento para fazer o empenho e deixar claro para o servidor ou colaborador o que ele terá que fazer.

Mas o servidor é uma pessoa muito inteligente, afinal, passou no concurso e, convenhamos, não é fácil passar em concurso hoje em dia. O mesmo vale para o colaborador que passou naquele processo seletivo rigorosíssimo. E ele está ali, sem ter clareza do que fazer, mas cheio de energia e vontade para colaborar. E, então, eis que passa uma pessoa precisando de um auxílio em uma planilha e ele comete o pior e o maior erro da sua vida, dizendo "Eu domino planilhas! Posso ajudar?".

Sim, este foi um grande erro, pois a partir daquele momento até o "resto" da sua vida profissional naquela empresa ele será "o *fazedor* de planilhas". Mas ele tem mestrado, doutorado, pós-doutorado! E daí? Ele está fadado a viver fazendo planilhas. E isso gera reflexos em sua motivação, em seu trabalho, em seu comportamento e em seu desempenho.

Outro exemplo: imagine que na sua área seja necessário fazer a apresentação do fechamento do mês e, você fala bem em público. Considere, portanto, que essa apresentação estará sob sua responsabilidade.

Partindo do princípio de que você precisa elaborar uma apresentação de slides para servir de apoio, mas que não domine o PowerPoint, o que provavelmente fará? Irá buscar alguém da equipe para produzir os slides. E, ainda, se nessa apresentação for necessário incluir um gráfico proveniente de uma planilha e nem você, que irá apresentar, e nem a pessoa que está construindo os slides tiverem domínio de gráficos em planilha, adivinhem: uma terceira pessoa será envolvida.

Note que fragmentamos uma responsabilidade em pequenas tarefas, fomentando a cultura da improdutividade. Isso não é trabalho em equipe, pois a participação de outros membros da equipe para ajudar a solucionar um problema ou auxiliar em uma dificuldade pontual, sim, é trabalhar em equipe, porém, quando se trata de uma rotina de trabalho, isso é usar as competências das outras pessoas como "muleta" para a falta da competência em questão. É o processo de mutilar as responsabilidades, que impacta na baixa produtividade.

O problema é que não trabalhamos com as competências que as pessoas deveriam ter para executar suas atividades. Trabalhamos para suprir a falta de uma competência com algum membro da equipe que tem o tal domínio técnico necessário. É mais fácil, mais rápido e mais cômodo. Isso, porém, gera reflexos desastrosos dentro da organização, como a fragmentação das responsabilidades, fazendo com que servidores e colaboradores sejam "tarefeiros" em vez de executarem e cumprirem atribuições cuja responsabilidade e complexidade seja maior, agregando valor à organização.

Isso causa reflexos na produtividade e, consequentemente, a equivocada percepção de que é preciso ter mais pessoas no quadro de pessoal. Não tenho dúvidas de que nas empresas públicas e privadas estão faltando pessoas. Isso é fato, tanto que você está lendo este livro, que trata justamente do Dimensionamento da Força de Trabalho.

No entanto, tenho uma convicção: não está faltando a quantidade de pessoas que dizemos que esteja faltando. O problema está na organização e na distribuição dos trabalhos a serem executados, juntamente à necessidade de desenvolvimento de competências que são demandadas na rotina diária.

Talvez você possa estar pensando que isso é responsabilidade do gestor. E realmente é, porém, é preciso sistematizar e instrumentalizar o gestor para que ele tenha condições de fazer essa organização e, consequentemente, fazer com que a sua equipe seja mais produtiva e eficiente.

Ainda existem dois pontos a serem considerados nesta reflexão, normalmente, mais comuns ao Setor Público, embora a Iniciativa Privada não esteja isenta destes casos: a troca de gestão e a continuidade dos projetos.

Ao ocorrer uma troca de gestão no Setor Público, normalmente a cada dois ou quatro anos, embora alguns órgãos tenham a troca anual da presidência, o que aumenta a necessidade da aplicação de uma solução como a proporcionada pelo MAP, ocorre a troca de praticamente todos os níveis hierárquicos táticos e estratégicos.

Usando uma linguagem específica do Setor Público, muda o presidente e mudam os secretários, diretores, superintendentes, chefes de departamento e até mesmo alguns chefes de seção. Alguns desses novos gestores podem não ser técnicos da área, ou seja, podem ser da iniciativa privada ou até mesmo de outros órgãos públicos. Eles podem não ter familiaridade com a rotina e os processos da área que eles irão assumir.

Partindo do princípio de que eles precisam fazer uma gestão com excelência, como oferecer ao novo gestor a clareza de quais são os produtos que estão sob sua responsabilidade e que deverão ser executados pela sua nova equipe? E como fazer com que ele saiba quais as ações necessárias para gerar e entregar esses produtos, bem como as competências demandadas para ter a eficiência operacional?

Por fim, mas não menos importante, é preciso construir uma ferramenta que não seja volátil e que não perca sua aplicação com a mudança de gestão. Realizar um projeto que não seja visto como o projeto de uma gestão, mas como um projeto da organização, que seja continuado, que tenha o princípio do estadista, ou seja, fazer o que deve ser feito para o melhor da instituição e daqueles a quem ela serve.

Talvez você possa ter a resposta a essas questões na ponta da língua, concluindo que a solução, ao menos parte dela, está no Mapeamento de Processos. Correto! Só tem uma questão a ser considerada: não se pode parar a empresa ou concluir todo o mapeamento de processos para somente depois solucionarmos esses problemas e, a partir daí, pensarmos em DFT ou GPC. O MAP pode auxiliar nessas questões.

Estruturação do MAP

O Mapa de Atribuições por Produto – MAP – utiliza os princípios do mapeamento de processos, entretanto, é importante ratificar, incansavelmente: **MAP não é Mapeamento de Processos**.

Quando falamos de mapeamento de processos, além de identificarmos o conjunto de atividades necessárias para a realização de uma determinada entrega ou produto, temos que pensar na otimização dessas atividades, gerando inclusive os desenhos dos fluxos dos processos. Por exemplo, se para emitir uma declaração o atual fluxo demanda que uma requisição passe em dez departamentos e leve vinte carimbos, o mapeamento de processos deve visualizar se existe alguma maneira de a requisição passar em apenas dois departamentos com um único carimbo.

No mapeamento de processos, a grande dificuldade não está essencialmente na identificação das etapas, mas na inteligência que deve ser utilizada para realizar tais otimizações. Isso demanda tempo e esforço. Aliás, diga-se de passagem, muito tempo e muito esforço.

No sentido oposto, deparamo-nos com a necessidade urgente de ter o mínimo de informações para a gestão e que elas sejam consistentes, além, é claro, de nos depararmos com uma enorme escassez de tempo. Como resolver essa equação?

Surge, assim, o **Mapa de Atribuições por Produto**, o **MAP**, que traz a identificação do conjunto de atividades necessárias para realizar uma determinada entrega ou produto, porém, com base no cenário atual, como acontece no dia a dia, sem que sejam aplicados os processos de otimizações e desenhos de fluxo característicos de um mapeamento de processo.

São evidentes os ganhos que a aplicação do MAP gera para a empresa, pois o simples fato de pensar em processos já possibilita a organização dos trabalhos que a unidade executa e as melhorias de processos latentes são identificadas e já corrigidas durante a sua implantação.

Não há dúvidas em afirmar que os resultados de um DFT que utilize como referência um processo que esteja não apenas mapeado, mas também otimizado, serão melhores e mais eficientes se comparados aos resultados de um DFT realizado apenas com o MAP. Contudo, não há como discordar que um DFT gerado a partir de uma metodologia que retrata o cenário atual já com algumas melhorias implantadas pelo seu mapeamento será muito mais eficiente e imediato do que a espera por um mapeamento de processos que pode vir a demorar anos para ser concluído. Ainda mais se considerarmos que o DFT não tem como objetivo gerar um número absoluto, mas uma referência para a Gestão. Como debatido no capítulo anterior, a prontidão de sua aplicação aumenta o ganho para a organização.

Outro fato é o equívoco que algumas empresas cometem, ao meu modo de entender, durante a execução do mapeamento de processos, entrando em um nível exagerado de detalhes quando especificam, nas atribuições, o "como fazer". O problema é que, em geral, o trabalho fica obsoleto antes mesmo da sua conclusão, justamente por se tornar volátil. O MAP não trabalha com a especificação do "como fazer", pois o "como fazer" muda com o passar do tempo e, geralmente, em uma velocidade muito grande.

O foco do MAP é especificar o "o que fazer", pois o nível de mudança é bem menor e, em muitos casos, não muda.

É muito comum, nas consultorias que realizo, encontrar projetos de mapeamento de processos inacabados e obsoletos, justamente por esse motivo. Nestes casos, utilizamos o MAP justamente para fazer essa adaptação.

Ter processos mapeados chegando ao nível de detalhe do "como fazer" é tão traumático para as empresas que em uma delas fui contratado sob a condição de estar proibido de falar de mapeamento de processos, tamanho o impacto negativo da experiência vivida pela organização.

É claro que mudanças no "como fazer" podem impactar os tempos necessários para o DFT. É justamente aí que entra a necessidade de utilização da GDFT. Veremos como realizar essa gestão no Capítulo 6.

Capítulo 2 – Utilização do MAP como Base... 21

Formulário do MAP

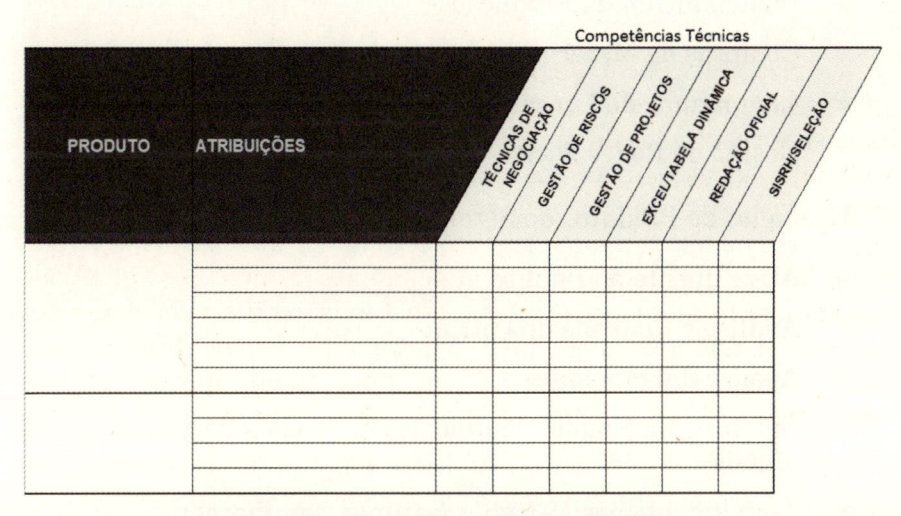

Figura 3: Formulário Parcial do MAP

A figura 3 traz um exemplo do formulário do MAP no modelo parcial – ainda teremos outras colunas, referentes ao DFT, que serão complementadas.

A primeira coluna do MAP é a especificação dos produtos sob responsabilidade de uma área ou setor.

Produto é toda entrega que uma área deve realizar, seja para a sua própria área, para outras áreas, unidades ou departamentos da própria empresa, ou para clientes, governo ou sociedade.

Produto é macro e traz o agrupamento de um conjunto de ações a serem realizadas para a sua construção, chamadas de ***atribuições***, evidenciadas na segunda coluna da Figura 2. Um produto pode ter várias atribuições e em quantidades diferentes.

Exemplos de Produtos da Iniciativa Privada:

- Processamento da Folha de Pagamento
- Capacitação dos Colaboradores
- Controle de Bens Patrimoniais
- Processamento do Faturamento

- Gestão do Contas a Pagar
- Planejamento da Produção
- Compras de Materiais e Insumos
- Campanhas de Lançamentos de Novos Produtos
- Gestão de Redes Sociais.

Exemplos de Produtos do Setor Público:

- Atendimento ao Público
- Análise e Controle de Petição
- Apoio a Julgamentos
- Relatórios e Laudos Psicológicos e Sociais de processos criminais
- Atendimento aos Usuários (vítimas /familiares)
- Projetos do Sistema de Garantia de Direito
- Ações de Promoção e Defesa dos Direitos de Crianças e Adolescentes
- Cálculos e Custas Processuais
- Atualização dos Valores de Sentenças para Liquidação
- Programa de Estágio
- Concurso Púbico para novos servidores
- Capacitação de Servidores

Para realizar a Capacitação de Servidores, por exemplo, é preciso executar as seguintes atribuições:

Capacitação de Servidores	Divulgar cronograma de capacitações.
	Realizar a abertura das inscrições das capacitações.
	Montar turmas de capacitação de acordo com o perfil do público-alvo informado nas fichas de inscrições.
	Elaborar relatório final de execução do programa de capacitação.
	Realizar reunião de alinhamento com facilitadores
	Encaminhar projetos de capacitação ao CPP (Conselho de Política de Pessoal).
	Manter atualizados os arquivos referentes aos indicadores de desempenho da capacitação.
	Solicitar autorização para pagamento da Gratificação de Monitoragem ao Conselho de Pagamento de Pessoal.
	Solicitar pagamento da gratificação de Monitoragem à área financeira.

Figura 4: Exemplo de Produtos e Atribuições

Observe que as ***atribuições*** evidenciam o "*o que fazer*" e não o "como fazer". O "como fazer" não deve compor o MAP, pois refere-se a procedimentos que mudam com o passar do tempo.

PRODUTO	ATRIBUIÇÕES	Excel	Power Point	IN SADGP Nº 001/2010	Redação Oficial	Fluxo Financeiro da PCR	Progr. Formação Instrutores Internos	Fluxo Capacitação
Capacitação de Servidores	Divulgar cronograma de capacitações.	2	3	2			2	3
	Realizar a abertura das inscrições das capacitações.		2	2			3	3
	Montar turmas de capacitação de acordo com o perfil do público-alvo informado nas fichas de inscrições.	2	3					3
	Elaborar relatório final de execução do programa de capacitação.	2	3	3		3		2
	Realizar reunião de alinhamento com facilitadores		2			3		3
	Encaminhar projetos de capacitação ao CPP (Conselho de Política de Pessoal).	3	3	3		3		2
	Manter atualizados os arquivos referentes aos indicadores de desempenho da capacitação.	3	3		2	2		3
	Solicitar autorização para pagamento da Gratificação de Monitoragem ao Conselho de Pagamento de Pessoal.		3	2	2	3	3	3
	Solicitar pagamento da gratificação de Monitoragem à área financeira.		3	2	2	3	3	3

Figura 5: Exemplo do cruzamento de Atribuições e Competências Técnicas

Na Figura 5 temos a identificação das competências técnicas necessárias para cada atribuição. Na tabela, onde ocorre o cruzamento da atribuição com a competência técnica identificamos o nível de proficiência necessário da competência técnica para a atribuição. Note que nem todos cruzamentos de atribuições e competências técnicas estão identificados com o nível de proficiência, o que indica que aquela competência técnica não é necessária para a execução da atribuição.

O objetivo desse livro não é explorar os detalhes de como mapear as competências técnicas, tipos de escalas e outras informações necessárias. Assim, caso o leitor precise de mais informações sobre mapeamento de Competências Técnicas e Comportamentais recomendo a leitura dos seguintes livros que publiquei por esta editora, a Qualitymark: *Aplicação Prática de Gestão de Pessoas por Competências* e *Gestão por Competências no Setor Público*.

Distribuição das atribuições do MAP

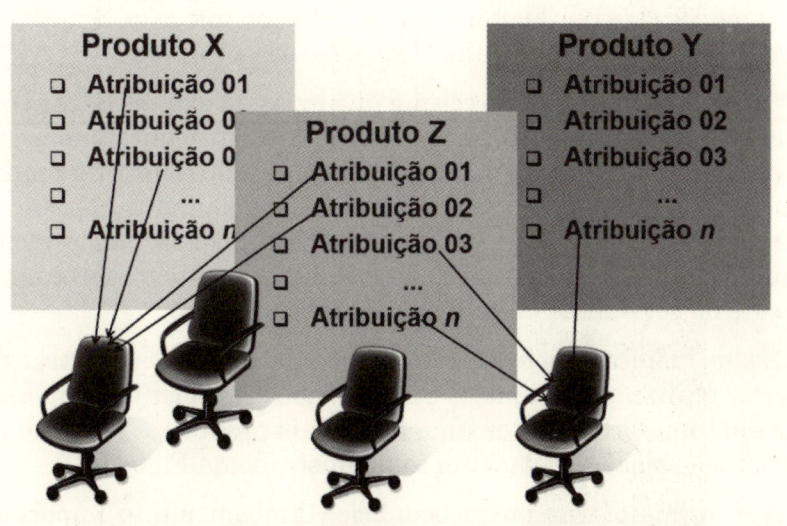

Figura 6: Distribuição das atribuições do MAP

O MAP tem uma característica muito importante se construída dentro das diretrizes que foram apresentadas: ele não é volátil.

Isso significa que, mesmo trocando toda a gestão, o novo gestor da área, ao assumir e olhar para o MAP, identificará os produtos que a área deve realizar e as atribuições necessárias para gerar esses produtos, pois isso não é alterado, mesmo com a mudança de gestão.

Se a nova gestão resolver fazer uma nova arquitetura organizacional em função de qualquer mudança estratégica ou mesmo financeira, unindo ou dividindo setores, o trabalho realizado pelo MAP não estará perdido, pois aqueles produtos ainda terão que ser realizados por algum outro setor, bastando "recortar" os produtos do MAP de uma área e "colar" no MAP da outra área.

Note que até esse momento não falamos da distribuição das atribuições nas funções a serem executadas pelos colaboradores ou servidores da equipe. Cada gestor tem o direito de distribuir as atribuições entre os membros da sua equipe da maneira que julgar ser mais conveniente e produtiva para a área, respeitando, é claro, os princípios de funções específicas para evitar o desvio de função, ou de conferir uma atribuição a quem não é de direito, afinal, somente um médico pode realizar consultas médicas, somente um auditor ou fiscal empossado por lei pode emitir autos de infração, somente um engenheiro pode assinar uma obra, e assim por diante.

Existem gestores que precisam que todos da equipe saibam fazer todas as atribuições da área, outros preferem montar uma espécie de linha de produção. Nosso intuito não é interferir na maneira como o gestor decide organizar sua área, distribuindo as atribuições entre os membros da equipe, mas prever o respeito aos princípios legais citados anteriormente, e uma linha que evite a sobrecarga de funções de servidores ou colaboradores específicos.

Assim, inspirado pelo MAP e observando as posições de trabalho, o gestor realiza a distribuição com foco não exatamente nas pessoas, mas em uma forma de ter uma área mais produtiva, pensando em "cadeiras vazias", exatamente como ilustrado na Figura 6.

Esse formato traz outro benefício, também muito importante: todas as competências técnicas necessárias, aquelas que precisam ser dominadas pelo ocupante da "cadeira", ou seja, da função, serão "carregadas" automaticamente, identificando, assim, além das atribuições, o perfil técnico do profissional.

Na prática, retomando o exemplo citado anteriormente de fazer a apresentação dos resultados do fechamento do mês onde eram demandadas as competências técnicas "Falar em Público", "PowerPoint" e "Planilha Eletrônica", quando essa atribuição é associada a uma determinada função (cadeira vazia), todos os colaboradores ou servidores desta função terão que dominar tais competências que, por sua vez, irão compor o instrumento de avaliação de competências. Através desse programa os colaboradores ou servidores com necessidades de treinamento poderão ser identificados, de forma que possam lhes ser oferecidas condições para que sejam mais produtivos. Esse é o caminho para que seja evitada a fragmentação de responsabilidades e para que se possa, enfim, focar na produtividade.

Benefícios da utilização do MAP

- Evidencia os produtos sob responsabilidade de uma área ou unidade e as atribuições necessárias para sua geração.
- Especifica as competências técnicas necessárias na área ou unidade.
- Serve como Base para o DFT (a ser detalhado no Capítulo 5).
- Disponibiliza ao gestor uma ferramenta para sistematizar, organizar e distribuir os trabalhos a serem realizados com base na produtividade, orientando a competência que o colaborador deve ter sem que ocorra a distribuição dos trabalhos devido à falta de domínio de determinadas competências por parte dos colaboradores.
- Permite a identificação das funções de cada membro da equipe.
- Evita a fragmentação de responsabilidades, fazendo com que o colaborador não seja tarefeiro em função de algum domínio técnico em especial.
- Gera insumos para a identificação das competências a serem capacitadas em cada membro da equipe.
- Possui tempo de implantação menor que o mapeamento de processos.
- É um instrumento não volátil, fomentando a cultura da continuidade das ações mesmo com a troca de gestores.

Capítulo 3

Metodologias para o Dimensionamento da Força de Trabalho

Vencida a diferenciação entre o DFT e GDFT, neste capítulo vamos focar as possibilidades para realizar o DFT, ou seja, o dimensionamento propriamente dito. Por enquanto, esqueça a questão da gestão.

Na essência, o que temos que identificar são as atividades a serem executadas, o tempo padrão de cada uma, acrescentar alguns parâmetros que impactam na produtividade e, a partir dessas informações, calcular o quantitativo de pessoal desejado.

Como não Fazer um Dimensionamento da Força de Trabalho

Vamos iniciar especificando **como não fazer um DFT**. Pode até parecer estranho, entretanto, muitas vezes deparamo-nos com a visão simplista de alguns gestores, analistas ou mesmo consultores que consideram esta questão como algo muito simples de resolver. Para eles, basta gerar um "formulariozinho" a ser preenchido por gestores. Com isso, a partir de uma simples tabulação, pode-se chegar à quantidade de pessoal necessária.

Durante a pesquisa que realizei para a elaboração deste livro encontrei alguns exemplos que focavam na coleta de questões como:

- Se havia sobrecarga de trabalho para os colaboradores.
- Se os funcionários terceirizados ou estagiários exerciam atividades de caráter permanente.
- Se, na percepção do gestor, havia alguma inovação tecnológica que possibilitaria a redução da necessidade de pessoal.
- Se havia ociosidade do pessoal.
- Se os colaboradores demonstravam habilidades para exercer suas funções.

Capítulo 3 – Metodologias para o Dimensionamento... 31

- Se os trabalhos realizados estavam dentro das expectativas da organização.
- Se havia trabalho sazonal na unidade.
- Qual era a quantidade de pessoas eventualmente faltando ou ociosas na unidade.

Ora, parte desse formulário está mais para uma pesquisa do ambiente de trabalho e não essencialmente para um DFT. E ainda, perguntar a quantidade de pessoas eventualmente faltando ou ociosas na unidade, além de ser totalmente subjetivo, convenhamos, não é a maneira adequada de buscar uma gestão eficiente e produtiva.

É fato que o DFT não é uma tarefa simples. Trata-se de algo trabalhoso e que gera conflitos. A tendência natural, ao se determinar os quantitativos necessários com base em simples consultas como essa, é que gestores e equipes cheguem a uma conclusão normalmente norteados por um cenário ideal ou de alívio de carga e pressão.

Certamente essa não é a melhor forma de fazer o DFT, afinal, quem não quer dispor de tempo no seu trabalho (nem vou ousar dizer dispor de mais tempo) para aprimorar estudos e técnicas, pensar em novas oportunidades, fazer análises com mais qualidade ou mesmo poder respirar um pouquinho, que atire a primeira pedra.

Muitas vezes, almeja-se chegar a um número de dimensionamento tomando como referência a "técnica" da tentativa e erro. Não que a tentativa e erro não seja um fato natural das empresas. Todos os inventores fracassavam centenas e até milhares de vezes até conseguirem um acerto, mas convenhamos, não podemos errar tanto nas nossas empresas. Isso não pode servir de desculpa para simplificar uma resposta ou não utilizar uma metodologia mais adequada.

Podemos afirmar que qualquer conclusão de quantitativo de DFT sem uma metodologia e análise criteriosa de fatores e variáveis de produtividade pode gerar resultados desastrosos para a organização, sendo assim, fica a recomendação de não utilizar formulários desse teor em um DFT.

Abrangência do Dimensionamento da Força de Trabalho

Uma dúvida comum na hora de realizar o DFT é se o dimensionamento deve abranger as posições dos Gestores. Partindo do conceito que gestor é todo aquele que gerencia uma equipe, a quantidade de gestores necessários está diretamente ligada a dois fatores.

O primeiro fator se relaciona à estrutura organizacional e ao organograma. Se no organograma existe o desenho de um diretor, gerente, secretário, superintendente, coordenador, supervisor ou qualquer outra nomenclatura equivalente, o dimensionamento não se faz necessário para esse público a partir do ponto de vista técnico, afinal, a relação é essencialmente de um para um, ou seja, um ocupante para cada "caixinha" ou posição do organograma.

O segundo fator trata a exceção do primeiro. Eventualmente, algumas posições podem ter turnos diferentes ou pode haver um parâmetro estabelecimento, como por exemplo, um supervisor para cada "n" operadores. Essa é a típica aplicação do DFT por Indicadores de Referência que será abordada neste capítulo, ou seja, o quantitativo de pessoal necessário é gerado a partir da aplicação de indicadores de referência da função.

Outra questão normalmente levantada é se o DFT deve abranger o estudo dos terceirizados. Na essência, não, embora esta seja uma oportunidade para determinar se o quantitativo de pessoal base do contrato de terceirização atende à demanda e aos parâmetros da organização.

Note, porém, que esta não é a finalidade principal do DFT, salvo se a empresa quiser fazer um estudo de desterceirização. Contudo, é importante lembrar que a atividade até pode ser terceirizada, mas existe a atividade de supervisão do contrato, que deve ser considerada na composição do DFT de alguma função dentro da organização.

Princípios das Técnicas para o Dimensionamento da Força de Trabalho

Não podemos afirmar que exista uma única técnica ou metodologia para realizar o DFT. É comum ser necessário aplicar mais de uma técnica na mesma empresa, dependendo da área, das diretrizes do Planejamento Estratégico ou até em função da exigência de legislação ou Resoluções de Conselhos de Classe.

Excluindo as áreas de produção das indústrias, que possuem os processos fabris clássicos onde é possível estimar o DFT devido à linearidade e a fatores de previsibilidade para a fabricação de produtos, conforme comentado no primeiro capítulo, a área de enfermagem é, sem dúvidas, a que mais aplica e utiliza as técnicas de DFT. Basta uma simples consulta na internet e nos trabalhos acadêmicos com o tema "dimensionamento da força de trabalho". A maioria esmagadora dos trabalhos apresentados são da área da enfermagem ou utilizam seus exemplos como referência.

O DFT na área da enfermagem é um exemplo através do qual podemos notar a necessidade da aplicação de diferentes metodologias em áreas diferentes. Existem parâmetros de quantitativos mínimos de profissionais de acordo com a especialização e até mesmo de acordo com a população estabelecidos na legislação ou em Portarias ou Resoluções, como a do Ministério da Saúde ou dos Conselhos Federal e Estaduais de Enfermagem, respectivamente do COFEN e COREN.

Áreas diferentes podem utilizar técnicas diferentes, com parâmetros de produtividade diferentes. Partindo dessa base, o objetivo deste livro é apresentar as diferentes técnicas e permitir ao leitor compreendê-las e realizar os ajustes destes parâmetros e, eventualmente, até mesmo das técnicas, permitindo a escolha da intervenção técnica mais conveniente dentro das necessidades da sua empresa e dos princípios metodológicos essenciais para um bom DFT.

Assim, sintetizamos as principais intervenções para DFT nas técnicas relacionadas e conceituadas a seguir:

- **DFT por Indicadores de Referência**

    Consiste na definição do quantitativo de pessoal necessário gerado a partir da **aplicação** de **indicadores de produtividade** que são **referência**, seja de paradigmas da própria organização, de *benchmarking* ou, ainda, de referências da legislação, normalmente **relacionados** à **função**.

- **DFT por Atribuição**

    Consiste na definição do quantitativo de pessoal necessário gerado a partir da *análise das atribuições* a serem desenvolvidas por *uma função ou* para a geração de um *produto* calculadas mediante os fatores de demanda, de tempo e frequência de execução, considerando as variáveis que impactam a produtividade.

- **DFT por Produto**

    Consiste na definição do quantitativo de pessoal necessário gerado a partir da **aplicação** de **indicadores de produtividade** que são **referência**, seja de paradigmas da própria organização ou de *benchmarking*, voltados exclusivamente **para** os **Produtos** que uma **área ou unidade** devem gerar.

DFT por Indicadores de Referência

Essa técnica consiste, basicamente, em analisar uma função e identificar quais os melhores parâmetros para fazer a relação com o quantitativo de pessoal demandado. Vejamos alguns exemplos.

	Função	Indicador	Valor Referência		Fator
A	Técnico de Suporte Nível 1	Nº Clientes / Nº Téc. Suporte	50	1	0,020
B	Supervisor de Help Desk	Nº Téc. Suporte Nível 1 / Nº Supervisores	20	1	0,050
C	Auxiliar de limpeza	M2/Auxiliar de Limpeza	375	1	0,003
D	Atendimento Balcão	Nº Atendimentos / Dia	16	1	0,063

Figura 7: Exemplo de Indicadores de Referência

Capítulo 3 – Metodologias para o Dimensionamento... 35

Com base nos Valores de Referência é possível realizar o DFT para cada uma das funções, conforme o exemplo da Figura 7, onde temos para os itens A, B, C e D, respectivamente:

- Cinquenta clientes para cada técnico de suporte.
- Vinte técnicos de suporte para cada supervisor.
- Trezentos e setenta e cinco metros quadrados para cada auxiliar de limpeza.
- Dezesseis atendimentos por dia.

Logo, se a empresa tiver 5.000 clientes ela precisará de 100 Técnicos de Suporte Nível 1 (divide-se o total de clientes pelo valor de referência estipulado para o indicador: 5.000/50). Se a empresa tiver uma área de 800 m2 para ser limpa, ela precisará de 2,13 Auxiliares de Limpeza.

A coluna "fator" da Figura 7 é apenas a divisão do valor de referência, por exemplo, ao estabelecer 50 clientes para cada técnico de suporte, dividindo o valor absoluto 1 referente ao técnico de suporte pelo valor absoluto 50 referente valor de referência, temos o resultado do fator em 0,02. Esse fator pode ser multiplicado diretamente pela quantidade de clientes para que se possa chegar à quantidade de técnicos de suporte necessária. A conversão em fator pode ser útil em eventuais indicadores de referência que venham a utilizar alguma fórmula em sua construção.

Realizar o DFT utilizando indicadores de referência parece ser uma maneira muito prática e fácil. Prática sim, pois, uma vez identificados os valores de referência, fazer o acompanhamento e a GDFT, em tese, é algo mais simples e objetivo. O grande desafio é justamente chegar à conclusão de qual o melhor indicador a ser utilizado e, principalmente, qual é o valor de referência e, ainda, aplicar os fatores que impactam a produtividade, o que será explorado no Capítulo 4.

É importante ressaltar que o DFT por Indicadores de Referência somente pode ser aplicado em funções de atividade única ou que utilize apenas uma única referência de atividade para a determinação do Valor do Indicador de Referência.

Considere o auxiliar de limpeza referenciado no exemplo da Figura 7, que teve o valor do Indicador de Referência estabelecido em 375 m2 para cada colaborador nesta função. Embora o auxiliar execute outras atividades, tais como limpar o chão, limpar vidros e retirar lixo, foi utilizada apenas uma referência de atividade para a determinação do Valor do Indicador, ou seja, foi feita uma média dessas atividades e concluído que o valor deveria ser 375 m2. Se fosse necessário calcular o tempo médio para cada atividade separadamente, a metodologia não poderia ser a do DFT por Indicadores de Referência. Deveria ser a do DFT por Atribuições, que será apresentada ainda neste capítulo.

Ao optar pelo DFT por Indicadores de Referência, o cenário ideal é utilizar indicadores de referência de mercado, identificado por ações de *benchmarking*, porém, é sabido que nem sempre conseguiremos essa pesquisa, restando a opção de utilizar indicadores de referências internas.

Recomendo a leitura com muito critério do tópico "Cuidados ao determinar os Parâmetros e Valores dos Indicadores de Referência para o DFT" do próximo capítulo, que aborda questões fundamentais e que trarão impacto direto no resultado do DFT.

DFT por Atribuição

Para aplicar essa técnica você precisa de uma destas ferramentas de referência: MAP, Descrição de Função ou Mapeamento de Processos.

Basicamente, a técnica consiste em determinar valores do tempo padrão que é levado para realizar cada uma das atribuições, do volume demandado e da periodicidade, projetando esses dados para uma referência mensal ou anual, possibilitando o cálculo do quantitativo de pessoal necessário para atender à demanda projetada.

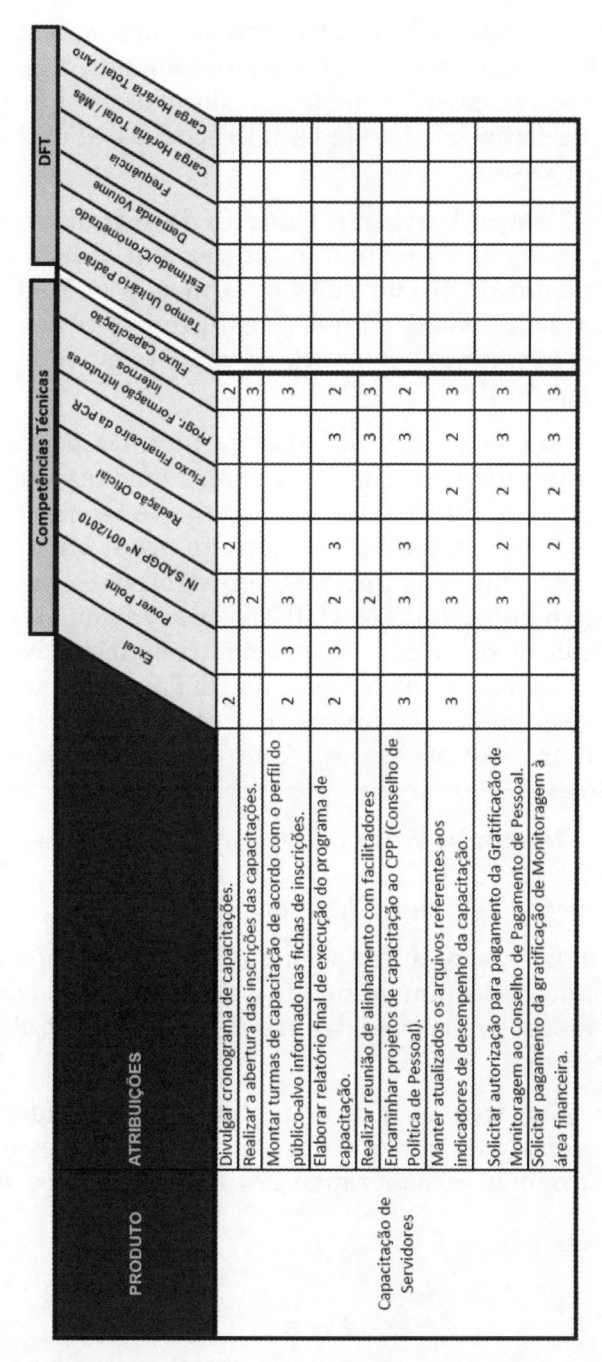

Capítulo 3 – Metodologias para o Dimensionamento... 37

PRODUTO	ATRIBUIÇÕES	Excel	Power Point	IN SADGP Nº 001/2010	Redação Oficial	Fluxo Financeiro da PCR	Progr. Formação Instrutores Internos	Fluxo Capacitação	Tempo Unitário Padrão	Estimado/Cronometrado	Demanda Volume	Frequência	Carga Horária Total / Mês	Carga Horária Total / Ano
Capacitação de Servidores	Divulgar cronograma de capacitações.	2	3	2			2							
	Realizar a abertura das inscrições das capacitações.		2				3							
	Montar turmas de capacitação de acordo com o perfil do público-alvo informado nas fichas de inscrições.	2	3				3							
	Elaborar relatório final de execução do programa de capacitação.	2	3	3		3	2							
	Realizar reunião de alinhamento com facilitadores		2			3	3							
	Encaminhar projetos de capacitação ao CPP (Conselho de Política de Pessoal).	3	3	3		3	3							
	Manter atualizados os arquivos referentes aos indicadores de desempenho da capacitação.	3	3		2	2	3							
	Solicitar autorização para pagamento da Gratificação de Monitoragem ao Conselho de Pagamento de Pessoal.		3	2	2	3	3							
	Solicitar pagamento da gratificação de Monitoragem à área financeira.		3	2	2	3	3							

Figura 8: MAP com Parâmetros do DFT – Parcial

A Figura 8 resgata o MAP utilizado no Capítulo anterior acrescentando alguns parâmetros que serão detalhados. A referência que irei utilizar será o MAP, todavia, as informações aqui também se aplicam se a referência adotada for a Descrição de Função ou Mapeamento de Processos.

A coluna **Tempo Unitário Padrão** deve trazer o tempo que é utilizado para executar uma única vez a atividade referenciada. É fundamental utilizar sempre a mesma unidade de tempo em toda a tabela. Nos exemplos deste livro utilizarei o tempo mensurado em minutos, deixando a conversão em horas para a carga horária total.

É interessante ressaltar se o tempo unitário padrão informado foi cronometrado ou estimado, registrando essa informação na coluna **Cronometrado/Estimado**. Claro que tempos cronometrados são mais precisos, porém não é muito usual utilizarmos essas técnicas, ainda mais nas áreas administrativas. Contudo, esse é um dispositivo importante na GDFT, pois se alguma área apresentar um gargalo de demanda, ou mesmo um quantitativo de pessoal menor que o estimado pelo cálculo do DFT, estudos de aprofundamento de mapeamento de processos e até mesmo de cronometragem podem vir a ser utilizados. Voltaremos a falar dessa questão no Capítulo 6.

A coluna **Demanda Volume** deve trazer a informação da quantidade de vezes em que é necessário realizar a atribuição no período a ser especificado na coluna Frequência.

A **Frequência** especifica, portanto, a periodicidade de realização da atribuição. Costumeiramente é classifica em diária, semanal, quinzenal, mensal, bimestral, trimestral, quadrimestral, semestral, anual ou eventual.

Cada opção de frequência tem um fator multiplicador de conversão para a conversão dos cálculos em função da mesma razão de tempo. Por exemplo, considerando 22 dias trabalhados em um mês, temos:

Frequência	Fator Conversão Mês	Fator Conversão Ano
Diária	22	264
Semanal	4	48
Quinzenal	2	24
Mensal	1	12
Bimestral	0,5	6
Trimestral	0,333	4
Quadrimestral	0,25	3
Semestral	0,167	2
Anual	0,0833	1
Eventual	0,0833	1

Figura 9: Fator de Conversão da Frequência de execução de uma atribuição

Algumas atribuições requerem um tratamento especial, pois elas não têm data certa para acontecer. São as atividades de frequências eventuais ou esporádicas. Considere, como exemplo, "realizar negociação contratual com fornecedores de benefícios" sendo uma atribuição eventual. Como não é sabida a quantidade de vezes que serão necessárias, tampouco quando elas ocorrerão, quiçá se ocorrerão, a demanda de volume deve ser projetada para uma estimativa anual. Assim, estimando-se cinco negociações durante um ano e cada uma levando cinco horas, teríamos os seguintes dados lançados na planilha:

Atribuição: Realizar negociação contratual com fornecedores de benefícios
Tempo Unitário Padrão: 300 minutos
Estimado/Cronometrado: Estimado
Demanda Volume: Cinco
Frequência: Eventual

A coluna **Carga Horária Total / Mês** deverá calcular o total de horas demandadas para o mês multiplicando o tempo unitário padrão pela demanda de volume aplicando o fator de conversão da frequência mês (Figura 9) e da unidade em horas, enquanto a coluna **Carga Horária Total / Ano** deve conter o mesmo cálculo, porém utilizando o fator de conversão ano.

Veja as fórmulas:

$$Carga\ Horária\ Total\ /\ Mês = \frac{TUP\ X\ DV\ X\ FCMês}{60}$$

$$Carga\ Horária\ Total\ /\ Ano = \frac{TUP\ X\ DV\ X\ FCAno}{60}$$

Onde:

TUP : Tempo Unitário Padrão em minutos

DV : Demanda de Volume

FCMês : Fator de Conversão de Frequência Mês, de acordo com tabela da Figura 9

FCAno : Fator de Conversão de Frequência Ano, de acordo com tabela da Figura 9

Aplicando as fórmulas no exemplo anterior, temos:

Atribuição: Realizar negociação contratual com fornecedores de benefícios
Tempo Unitário Padrão: 300 minutos
Estimado/Cronometrado: Estimado
Demanda Volume: Cinco
Frequência: Eventual
Carga Horária Total / Mês: 300 x 5 x 0,0833 / 60 = 2,09 horas
Carga Horária Total / Ano: 300 x 5 x 1 / 60 = 25 horas

Alguns critérios devem ser adotados ao serem lançados os dados de tempo e volume do DFT que serão tratados no próximo capítulo. Recomendo, portanto, a leitura, com muito critério, do tópico "Cui-

Capítulo 3 – Metodologias para o Dimensionamento... 41

dados ao determinar os Parâmetros e Valores dos Indicadores de Referência para o DFT", pois refere-se a questões fundamentais e que trarão impacto direto no resultado do DFT.

DFT por Produto

Para aplicar essa técnica você precisará do MAP ou Mapeamento de Processos, não sendo possível aplicá-la partir de uma descrição de função.

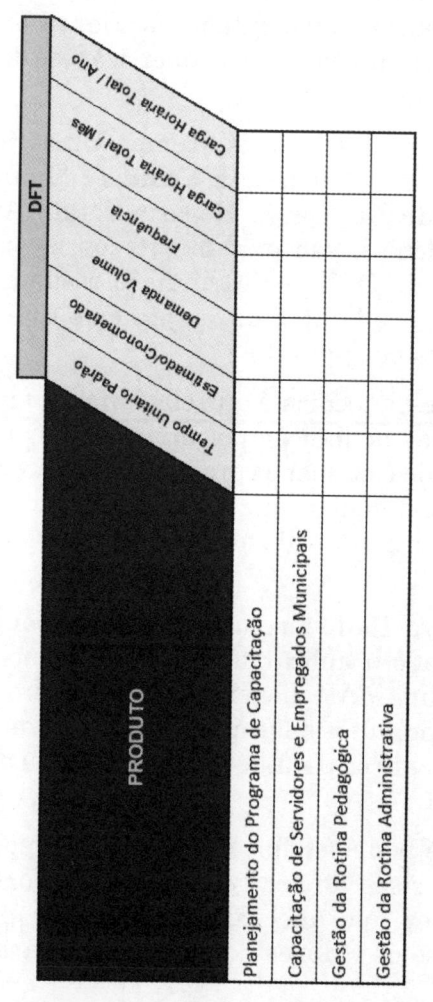

Figura 10: Formulário do DFT por Produto

Talvez a maneira mais prática de definir os princípios do DFT por Produto é dizer que ele é uma mescla das técnicas do DFT por Indicadores de Referência e do DFT por Atribuições.

Assim como o DFT por Indicadores de Referência, que utiliza parâmetros de produtividade para a função, o DFT por Produto também irá utilizar valores de referência, entretanto, o foco será o produto e não a função.

Note que o formulário do DFT por Produto, representado na Figura 10, nada mais é do que uma versão simplificada do formulário do DFT por Atribuição apresentado na Figura 8. Isso porque não existe a coluna atribuições e as parametrizações de tempo e demanda estão por produto.

O funcionamento dos campos "Tempo Unitário Padrão", "Estimado/Cronometrado", "Demanda Volume", "Frequência", "Carga Horária Total / Mês" e "Carga Horária Total / Ano", inclusive as fórmulas dos cálculos, são exatamente os mesmos. A diferença é que na técnica do DFT por Atribuição essas informações eram transmitidas para cada atribuição, já neste exemplo esses dados são contabilizados por produto.

A vantagem dessa técnica é que ela é mais simples e não precisa focar no detalhe de atribuição por atribuição. O ponto fraco reside no fato de tal técnica ser menos precisa que a anterior, o que não significa que uma seja melhor que a outra. Como comentado no início deste capítulo, é comum utilizarmos, na mesma empresa, técnicas diferentes no DFT.

Ao ver a Figura 10 do formulário do DFT por Produto, talvez o leitor fique tentado a aplicar uma simplificação metodológica em vez de de gerar um MAP, dispensando o registro das atribuições e tendo apenas os produtos da unidade para que, assim, possa aplicar direta e rapidamente os parâmetros de demanda de volume e tempo para gerar o DFT.

Claro que até pode ser feito dessa forma, porém é necessário ressaltar que o risco de ser gerada uma informação imprecisa é maior, uma vez que não existirá nenhum ponto de reflexão para ponderar se os valores determinados para o produto estão adequados.

Além disso, não ter as atribuições e as competências técnicas faz com que as conexões com Gestão e Avaliação por Competências sejam perdidas, impactando diretamente na eficiência de uma GDFT. Portanto, a recomendação é realmente fazer o MAP ou mesmo utilizar o Mapeamento de Processos, caso sua empresa possua.

Fica valendo aqui a mesma ressalva feita para as técnicas anteriores: quando são lançados os dados de tempo e volume do DFT, alguns critérios devem ser adotados, como veremos no próximo capítulo. Reitero a recomendação anterior da leitura com muito critério do tópico "Cuidados ao determinar os Parâmetros e Valores dos Indicadores de Referência para o DFT", pois são questões fundamentais e que trarão impacto direto no resultado do DFT.

DFT por Atribuições Principais – Uma variação do DFT por Atribuição

Ao realizar o DFT por Atribuições, a determinação dos valores de demanda de volume e tempo devem ocorrer para cada uma das atribuições do MAP, da Descrição de Função ou do Mapeamento de Processo.

Ter todas as atribuições evidenciadas focando o "o que fazer" e não o "como fazer" é fundamental e não se pode abrir mão disso. Por outro lado, partindo do princípio de que o DFT tem como objetivo gerar um número de referência e não um valor absoluto, como comentado no primeiro capítulo, a empresa pode optar por fazer a entrada dos valores de demanda de volume e tempo somente das principais atribuições e daquelas que geram mais impacto de tempo em vez de fazer de todas as atribuições.

Isso gera uma necessidade de estimar uma margem de tempo consumido para a execução dessas outras tarefas, fato que será explorado no próximo capítulo quando falamos do parâmetro "Tarefas não Dimensionadas".

Resumo das técnicas para DFT

Função	Recomendado	Recomendado	Recomendado
Todas as atribuições	Sim	Sim	Sim
Todos os produtos	Recomendado	Não	Recomendado
Atribuições principais	Sim	Sim	Sim

*DF = Descrição de Função **MP=Mapeamento de Processos

Figura 11: Quadro/ Resumo das técnicas para DFT

Capítulo 4

Parâmetros e Variáveis que Impactam no Dimensionamento da Força de Trabalho

Em linhas gerais, para realizar o DFT é preciso identificar qual será o tempo necessário para realizar o volume de trabalho demandado em uma unidade e dividir pelo total de horas de uma jornada de trabalho de um único colaborador no mesmo período, porém descontando as horas improdutivas, ou seja, o total de horas que não são utilizadas com a finalidade de executar as atividades referentes aos produtos mapeados. Dessa forma, encontramos a quantidade de pessoas necessárias para atender à demanda projetada ou, se preferir, o FT da sigla DFT – a Força de Trabalho.

$$DFT = \frac{\text{Total de Horas para atender a demanda projetada em um período}}{\text{Total de Horas Jornada Trabalho de 1 colaborador no período} - \text{Horas Improdutivas}}$$

Esse princípio vale para as técnicas de **DFT por Atribuição**, **DFT por Produto** e **DFT por Atribuições Principais**, não se aplicando para a técnica de DFT por Indicadores de Referência, pois nesse caso a referência de produtividade está relacionada à função e não à análise de tempo utilizado para executar um produto ou às atribuições que compõem um produto.

O dividendo da fórmula do DFT, "Total de Horas para atender à demanda projetada em um período" já foi equacionado no capítulo anterior e ilustrado nas Figuras 8 e 10, mais especificamente nas colunas "Carga Horária Total / Mês" e "Carga Horária Total / Ano".

Agora, é preciso que nos concentremos no divisor da fórmula do DFT: "Total Horas Jornada Trabalho de 1 colaborador no período – Horas Improdutivas".

Apenas para brincar com nossa memória e fazer um resgate às nomenclaturas da matemática, no divisor da fórmula do DFT temos uma *diferença* (resultado de uma subtração) entre o *minuendo* (To-

Capítulo 4 – Parâmetros e Variáveis que Impactam... 47

tal Horas Jornada Trabalho de 1 colaborador no período) e o subtraendo (Horas Improdutivas no mesmo período), certo?

Tudo bem, não precisa se assustar. Vamos resolver esta equação por partes, iniciando pelo minuendo da fórmula. *Ops!* Sem complicar, iniciando pelo cálculo do Total de Horas da Jornada de Trabalho de um colaborador no período.

Cálculo do Total de Horas da Jornada de Trabalho de um Colaborador

Utilizaremos a periodicidade anual até mesmo para que possamos acomodar as atribuições eventuais registradas no MAP, na Descrição de Função ou no Mapeamento de Processos.

Vamos considerar uma empresa com uma jornada semanal de 40 horas, que trabalha de segunda-feira a sexta-feira, compensando durante a semana, portanto, o sábado. Nesse caso, teríamos:

Jornada Semanal	40	Total de horas da semana
Dias Trabalhados na Semana	5	De segunda a sexta
Horas / Dia	8	Divisão de 40 horas semanais por 5 dias trabalhados na semana
Dias úteis do Mês	22	Quantidade de Dias úteis do mês
Horas Trabalhadas Mês	176	Dias úteis do mês X Horas dia = 22 X 8
Quantidade de Horas Ano	**2.112**	**Total Horas da Jornada Trabalho de 1 colaborador no período de 1 ano**

Figura 12: Cálculo da Quantidade de Horas Ano para Jornada 40 horas x 5 dias da Semana

Embora no holerite ou contracheque de um colaborador com jornada de trabalho de 40 horas semanais venha destacado 200 horas, para cálculo do DFT consideramos apenas as horas que ele trabalha, no exemplo, 176. As demais horas necessárias para completar as 200 mensais compõem o DSR – Descanso Semanal Remunerado – e não entram no cálculo.

Assim, é preciso calcular a quantidade de horas anual conforme a jornada de trabalho semanal e de acordo com a convenção coletiva sobre a compensação de horas da empresa. De maneira geral, para uma jornada de trabalho de 30, 40 e 44 horas semanais, teremos, respectivamente, 1.584, 2.112 e 2.323 horas/ano para uma base de 22 dias úteis por mês.

Cálculo do Total de Horas Improdutivas

Chegou o momento de falar do subtraendo da fórmula do DFT, ou simplesmente, do Total de Horas Improdutivas.

É importante ressaltar que temos que estimar o total das horas que não serão trabalhadas diretamente na execução das atividades evidenciadas, de acordo com as Figuras 8 e 10. Estas horas improdutivas contemplam o período de férias, faltas, ausências por ações de treinamento, reuniões, entre outros, e deve ser utilizada a mesma periodicidade do cálculo do Total de Horas da Jornada de Trabalho, ou seja, as horas improdutivas anuais.

Apresentaremos uma relação de fatores que compõem as horas improdutivas diretas e indiretas, sendo esta última por análise de risco. O desafio, portanto, passa a ser compreender cada variável e identificar o valor mais assertivo a ser considerado, tarefa que deve ser realizada com muito cuidado e critério, pois isso terá impacto direto no resultado do DFT.

Para facilitar o cálculo das horas improdutivas são necessárias duas variáveis referenciais: "Dias Úteis do Mês" e "Horas/dia", as mesmas utilizadas na Figura 12 do Cálculo da Quantidade de Horas Ano para Jornada 40 horas x 5 dias da Semana.

Assim, considerando as Jornadas de Trabalho Semanal de 30, 40 e 44 horas com convenção coletiva sobre a compensação de horas para 5 dias úteis por semana, temos: 22 Dias Úteis do Mês para todas as Jornadas e 6, 8 e 8,8 Horas/dia respectivamente para as jornadas de 30, 40 e 44 horas semanais.

Parâmetros de Horas Improdutivas Diretas

Os exemplos dos cálculos utilizados a seguir irão considerar uma empresa com jornada semanal de 40 horas, que trabalha de segunda-feira a sexta-feira, compensando durante a semana, portanto, o sábado. Assim, temos:

- **Dias Úteis do Mês** = 22
- **Horas/dia** = 8
- **Horas/mês** = 176
- **Horas/ano** = 2.112

Outra questão importante a ser observada é que todos os parâmetros devem considerar o total de horas na **base de cálculo anual para um colaborador**.

i. Férias

É o cálculo do total de horas referente ao período de férias que o colaborador tem direito no período de um ano.

Férias = Dias Úteis Mês x Horas Dia

Exemplo, Férias = 22 x 8 = 176 horas

ii. Feriados

É o cálculo do total de horas referentes aos feriados do ano.

Computar somente os feriados que sejam nos dias úteis trabalhados, ou seja, se a jornada de trabalho for de segunda-feira a sábado e o feriado for em um sábado ele deve ser computado e deverá ser desconsiderado se a jornada for de segunda a sexta-feira.

Feriados = Quantidade de Feriados no Ano x Horas Dia

Exemplo, Feriados = 9 x 8 = 72 horas

iii. Educação Continuada

É a média das horas anuais de treinamento estimadas para serem cumpridas pelos colaboradores.

Diferentemente das variáveis "Férias" e "Feriados", onde o resultado do cálculo é aplicado a todos os colaboradores independentemente de área ou função, nesta variável podem haver bases diferentes em decorrência de programas ou mesmo de exigências legais de horas de capacitação maiores para determinadas áreas ou mesmo funções. Assim, este parâmetro pode ficar associado à empresa, área ou função.

iv. Bonificação

É o cálculo do total de horas referentes às bonificações concedidas aos colaboradores.

Algumas empresas concedem dias de folga para seus colaboradores como programas de benefícios ou incentivos. Normalmente, são os chamados "*day off*" ou "dia de folga". Geralmente são bonificações em função de comemoração do aniversário, recompensa por resultados atingidos, campanhas realizadas ou até mesmo como uma política de benefícios, como por exemplo, um dia de folga por semestre.

$$\textit{Bonificação} = \textit{Dias Bonificados Ano} \times \textit{Horas Dia}$$

Exemplo, Bonificação = 2 x 8 = 16 horas

v. Licenças e Afastamentos

É a quantidade de horas que deverá ser abatida do total de horas produtivas do ano, referentes aos diferentes tipos de licenças e afastamentos de colaboradores previstos para o período, calculadas proporcionalmente à Carga de Trabalho Total Anual Prevista.

$$\textit{Licenças e Afastamentos} = \frac{\textit{Dias úteis licenças e afastamento} \times \textit{Horas dia}}{\textit{Carga de Trabalho Total Anual}} \times \textit{Horas ano}$$

Capítulo 4 – Parâmetros e Variáveis que Impactam... 51

Diferentemente das variáveis "Férias", "Feriados", "Educação Continuada" e "Bonificação", que têm como referência uma média de horas por colaborar ou servidor, de forma que as horas podem ser abatidas diretamente do total das Horas Produtivas Anual, o total de horas referente às licenças e afastamentos requer um cálculo especial. O motivo é que não existe uma quantidade de horas de afastamento por colaborador ou servidor. O que é previsto é um total de horas de licenças e afastamento e, pelo fato de não sabermos ainda a quantidade de colaboradores necessários, não temos como fazer uma média *per capta*.

Assim, o primeiro passo é estimar a quantidade de dias de afastamento. Por exemplo, estimando que apenas um colaborador ficará ausente durante 3 meses, você deve converter esse período em dias úteis. Utilizando a referência de 22 dias úteis no mês e 8 horas de trabalho por dia, teremos 528 horas de licenças ou afastamentos a serem considerados.

Como não sabemos a quantidade de colaboradores na equipe, não é possível fazer uma média para o cálculo da quantidade das horas improdutivas, porém sabemos a Carga de Trabalho Total Anual demandada na área apurada pelas técnicas do *DFT por Atribuição* ou *DFT por Produto* (reveja as Figuras 8 e 10). Supondo que a soma da Carga de Trabalho Total Anual seja 12.902 horas no ano, ao dividir as 528 horas de licenças pelas 12.902 horas referentes à carga total, temos um índice de 4,09%.

Então, aplicando esse percentual no total de Horas/Ano, chegamos ao total de horas a serem consideradas como as horas improdutivas referente às licenças e aos afastamentos.

Veja o exemplo aplicado na fórmula:

$$Licenças\ e\ Afastamentos = \frac{Dias\ úteis\ licenças\ e\ afastamento \times Horas\ dia}{Carga\ de\ Trabalho\ Total\ Anual} \times Horas\ ano$$

$$Licenças\ e\ Afastamentos = \frac{66 \times 8}{12.902} \times 2.112 = 86{,}43\ horas$$

vi. Absenteísmo

É o cálculo do total de horas referente às faltas e atrasos.

Absenteísmo = Percentual Absenteísmo x Horas ano

Exemplo, Absenteísmo = 4% x 2.112 = 84,48 horas.

Normalmente as empresas têm, em seus indicadores o percentual de absenteísmo, e a fórmula para se chegar a este parâmetro é a demonstrada acima. No entanto, as empresas podem considerar que absenteísmo refere-se apenas às ausências não justificadas, assim, uma saída com atestado médico, por exemplo, não seria computada como absenteísmo.

Para o cálculo do DFT devem ser considerados todos os tipos de ausências, mesmo aquelas justificadas. É preciso que tenhamos uma referência do Absenteísmo Total.

Outro ponto a ser considerado para este parâmetro refere-se ao fato de termos áreas ou até mesmo funções com índices de absenteísmo diferentes. Assim, a utilização deste parâmetro por área ou mesmo por função gera grande contribuição para o cálculo do DFT.

vii. Fadiga

É o cálculo do total de horas referentes à fadiga de trabalho durante o dia.

Normalmente, o tempo estimado para ser realizada uma atribuição é considerado dentro de um padrão de normalidade e produtividade. Contudo, é fato que, ao longo da jornada diária, a fadiga e o estresse diminuam essa capacidade, sendo necessário o estabelecimento de um parâmetro para ponderar esse impacto nas horas produtivas.

Fadiga = Percentual de Fadiga x Horas ano

Exemplo, Fadiga = 5% x 2.112 = 105,6 horas

Capítulo 4 – Parâmetros e Variáveis que Impactam... 53

Assim como o absenteísmo, é comum áreas ou mesmo funções com índices de fadiga diferentes. Assim, a utilização deste parâmetro por área ou mesmo por função gera grande contribuição para o cálculo do DFT.

viii. Interrupções

É o cálculo do total de horas referente às interrupções que ocorrem durante o dia, tais como café, conversas, idas ao banheiro, etc. Em alguns casos de jornada de trabalho de 30 horas semanais com 6 horas ininterruptas, a empresa pode conceder uma parada para um lanche rápido. Esta parada, caso não tenha sido abatida da Quantidade de Horas/dia deverá ser considerada nesta variável.

Interrupções = Percentual de Interrupções x Horas ano

Exemplo, Interrupções = 8% x 2.112 = 168,96 horas

Esse parâmetro também pode ter valores diferenciados por área ou até mesmo por função.

ix. Paradas Forçadas

É o cálculo do total de horas referente às interrupções que ocorrem durante o dia com problemas de infraestrutura, manutenção ou algum tipo de indisponibilidade de execução do trabalho.

Paradas Forçadas = Percentual de Paradas Forçadas x Horas ano

Exemplo, Paradas Forçadas = 1% x 2.112 = 21,12 horas

Esse parâmetro também pode ter valores diferenciados por área ou até mesmo por função.

x. Horas de Deslocamento

É o cálculo do total de horas referente ao tempo utilizado para deslocamento, normalmente externo, que pode ocorrer na execução das atividades de algumas funções.

Horas de Deslocamento = Percentual de Deslocamento x Horas ano

Exemplo, Horas de Deslocamento = 25% x 2.112 = 528 horas

Essa variável deve ser parametrizada por área ou função.

xi. Tarefas não Dimensionadas

É o cálculo do total de horas referente ao tempo utilizado para execução de tarefas que não foram consideradas no apontamento. Quando utilizada a técnica do DFT por Atribuições Principais, a estimativa desse parâmetro torna-se mais relevante, pois não são todas as atividades contempladas que estarão com tempos estimados. Já nos casos do DFT por Atribuição e DFT por Produto, o percentual deve contemplar as demais atividades não estimadas, tais como leituras e despachos de e-mail, reuniões, entre outras.

Tarefas não Dimensionadas = Percentual Tarefas não Dimensionadas x Horas ano

Exemplo, Tarefas não Dimensionadas = 10% x 2.112 = 211,2 horas

Essa variável pode ser global ou parametrizada por área ou função.

Fatores de Risco para Determinação do Fator Geral de Segurança

Além dos fatores que afetam as horas produtivas e que podem ser calculados pelas estimativas, conforme apresentado anteriormente existem outros que também geram impacto nas horas produtivas, porém em uma linha que requer uma projeção diferenciada e que tem um grau de subjetividade maior, até mesmo em função de previsões, projeções e hipóteses consideradas.

Capítulo 4 – Parâmetros e Variáveis que Impactam... 55

Essas variáveis, portanto, devem ser listadas e, a partir de uma análise, deve ser estimado um **Fator Geral de Segurança – FGS**, que é um índice com a finalidade de reservar uma determinada carga horária preventiva caso alguns dos itens previstos como risco venham a ocorrer.

A Figura 13 traz um exemplo de alguns dos principais componentes do Fator Geral de Segurança. Esses componentes podem variar para cada área, setor ou função, além do fato de que outros fatores, que eventualmente não estejam relacionados, possam ser considerados. Na Figura 13, as siglas F1, F2 e F3 representam três funções diferentes.

		2012	2013	2014	Próximos 6 meses	Próximos 12 meses	Próximos 18 meses	Próximos 24 meses
Taxa de Crescimento								

		2013	2014	Mês Atual	Mês Atual -1	Mês Atual -2	Projetado
Turnover	F1						
	F2						
	F3						

		Tempo Aprendizagem	CDC Total	CDC Técnico	CDC Comportamental	CDC Resultados	CDC Responsabilidades	CDC Ind. Produtividade
Aprendizagem e Desempenho	F1							
	F2							
	F3							

		Qtde Atual Colaboradores	Qtde Mulheres período fértil	Até 30 anos	De 30 a 40 anos	De 40 a 50 anos	Acima 50 anos
Perfil Colaboradores	F1						
	F2						
	F3						

		Entre 4 e 3 anos	Entre 2 e 1 ano	Menos de 1 ano
Colaboradores pré-aposentadoria	F1			
	F2			
	F3			

	2012	2013	2014	Atual
Fator Geral de Segurança (FGS)				

Figura 13: Componentes do Painel para geração
do FGS – Fator Geral de Segurança

A **Taxa de Crescimento** da empresa é um fator direcionador importante que deve ser considerado. A empresa está em fase de crescimento? A qual velocidade? Existe uma tendência? Qual a taxa prevista para os próximos 6, 12, 18 e 24 meses? A área necessita de um reforço de mão de obra?

A taxa de ***Turnover*** é outro fator importante a ser considerado não pela taxa em si, pois partindo do princípio da reposição, a quantidade de horas trabalhadas será atendida, salvo eventuais dificuldades de reposição que podem ocorrer e que, portanto, já podem ser consideradas no cálculo do FGS – Fator Geral de Segurança.

O grande impacto do *turnover* no DFT, portanto, está no **Tempo de Aprendizagem**, que consiste na estimativa de tempo que um profissional leva, ao assumir uma determinada função, para ter o desempenho na mesma base de referência que foi prevista a produtividade ao determinar o tempo necessário para executar uma atribuição (Figuras 8 e 10). Quanto maior o *turnover*, maior o número de pessoas novas que estarão entrando na empresa. Consequentemente, um fator a ser considerado na parametrização do FGS para cálculo do DFT é o tempo de adaptação para que as pessoas consigam desempenhar as suas atividades com eficiência.

É comum, quando determinamos os tempos para a execução das atividades (Figuras 8 e 10), que utilizemos como referência um colaborador que tenha um desempenho muito bom. Partindo desse princípio, é necessário conhecer o índice de **Desempenho** médio dos colaboradores da área, pois, se eles estiverem com um desempenho muito abaixo do desempenho considerado ao ser determinado o tempo para realizar uma atribuição, certamente isso acarretará em um impacto na produtividade.

A Figura 13, que traz os componentes do FGS, no bloco "Aprendizagem e Desempenho" apresenta as seguintes referências:

- CDC Total
- CDC Técnico
- CDC Comportamental
- CDC Resultados
- CDC Responsabilidades
- CDC Indicadores de Produtividade

CDC significa **Coeficiente de Desempenho do Colaborador**, resultante da Avaliação de Desempenho com Foco em Competên-

Capítulo 4 – Parâmetros e Variáveis que Impactam... 57

cias, metodologia desenvolvida por mim e que aplicamos em diversas empresas públicas e privadas.

Nessa metodologia, o que importa não são as competências que o colaborador ou servidor tem, mas aquelas que ele entrega para a organização. O CDC é gerado a partir de quatro perspectivas: técnica, comportamental, resultados e complexidade – que são as responsabilidades que o colaborador deve realizar.

Assim, o CDC Técnico é o percentual que representa quanto o colaborador tem das competências que ele deveria dominar. O CDC Comportamental também é o mesmo percentual, porém, das Competências Comportamentais. O CDC Resultados representa o percentual das metas que foram atingidas pelo colaborador e o CDC Responsabilidades é o percentual que representa a qualidade com que o colaborador está executando as suas atribuições.

Da ponderação desses quatro coeficientes é gerado o CDC Total, que traduz o resultado da Avaliação de Desempenho com Foco em Competências.

O Anexo I traz um resumo dessa metodologia, caso você ainda não a conheça.

Além desses coeficientes apresentados temos também o **CDC Indicadores de Produtividade**. Para explicar seu significado é preciso, antes, uma breve contextualização.

Ao fazer a avaliação das competências comportamentais, que gera o CDC Comportamental e que irá compor o CDC Total, vários comportamentos são considerados. Como princípio, em uma avaliação comportamental, recomendo a avaliação de comportamentos e não de títulos de competências, pois caso isso seja feito, a subjetividade do processo avaliativo aumenta.

O Anexo II traz um resumo da metodologia que desenvolvi, chamada Inventário Comportamental para Avaliação de Competências.

O fato é que vários comportamentos compõem o instrumento de avaliação comportamental, entretanto, alguns deles estão ligados diretamente à capacidade produtiva do colaborador ou servidor e devem compor as informações a serem analisadas para determinar o FGS para cálculo do DFT. É o CDC dos Indicadores de Produtividade.

O CDC dos Indicadores de Produtividade deve trazer a média referente à avaliação dos colaboradores nos indicadores comportamentais que refletem prazo, qualidade, agilidade, erros e retrabalhos e que constam no instrumento de avaliação comportamental. Em resumo, nada mais é do que um corte desses indicadores. Veja alguns exemplos desses indicadores que, provavelmente, devem compor o instrumento de avaliação comportamental.

- É ágil ao executar suas tarefas.
- Cumpre as metas nos prazos estabelecidos.
- Executa suas tarefas com qualidade, evitando erros ou retrabalhos.

Assim, o objetivo é destacar a média de avaliação desses indicadores para compor o CDC dos Indicadores de Produtividade do painel para análise do FGS.

Todos esses Coeficientes de Desempenho precisam ser considerados na determinação do FGS tendo em vista que, ao ser determinado o tempo necessário para a execução das atribuições, tal ação levou em consideração um processo de normalidade. Se for detectado um desempenho não satisfatório por parte dos colaboradores nesse coeficientes, precisará haver uma compensação no FGS, além, é claro, das ações de desenvolvimento das pessoas.

O bloco **Perfil dos Colaboradores** traz informações referentes à quantidade de colaboradores em cada uma das funções e alguns cortes com o objetivo de mostrar números relevantes, tais como a quantidade de colaboradores e a quantidade de mulheres no período fértil para a maternidade.

Antes de qualquer conclusão ou julgamento convido o leitor a fazer a análise do ponto de vista do impacto na produtividade. Tal análise deve considerar a possibilidade de mulheres que estão em período fértil para a maternidade e que possam optar por engravidar, já que esse fato reflete em ausências e no período de licença. Existem empresas em que a mão de obra é basicamente feminina, o que contribui para que estejam sujeitas a um *turnover* e absenteísmo maior em função disso. Um *turnover* maior, por exemplo, tem impacto no tempo de aprendizagem, como debatido anteriormente,

Capítulo 4 – Parâmetros e Variáveis que Impactam... 59

logo, não considerar essas questões é um equívoco da organização. Algumas informações podem até ser mais detalhadas, como a quantidade de mulheres com filhos de até 12 anos, enfim, cada empresa precisa identificar quais níveis de detalhamento podem impactar a análise de riscos e já pensar em uma ação preventiva.

Outro exemplo, também no bloco do perfil dos colaboradores, é a idade, que a Figura 13 traz em quatro cortes: até 30 anos; de 30 a 40 anos; de 40 a 50 anos; e acima de 50 anos. Dependendo da função, isso pode significar uma perda ou aumento de produtividade. Quais cortes usar? Eles são realmente necessários? Depende do seu negócio. Esses são exemplos para que você inicie uma reflexão.

E para fechar a análise dos colaboradores, finalmente o bloco dos **Colaboradores Pré-Aposentadoria**, que apresenta um corte dos colaboradores que estão em vias de se aposentar. Esse corte tem dois motivos para fins de DFT. Além de saber quem são os colaboradores que entram em aposentadoria imediatamente, no caso do corte "Menos de 1 ano", é normal que os colaboradores em vias de aposentadoria diminuam um pouco o ritmo e a produtividade, sendo uma informação importante para o FSG.

O último bloco do painel é o FSG – Fator de Segurança Geral –, que é um percentual a ser determinado levando em consideração todos os fatores acima.

Confesso ao leitor que ainda não realizei estudos para propor um algoritmo para determinar seu valor. É algo muito complexo pela quantidade de variáveis e projeções. Contudo, é uma informação fundamental, assim, é interessante manter uma base histórica de valores que são utilizados com o passar do tempo.

$$FSG = Percentual\ FSG \times Horas\ ano$$

No exemplo, Fator de Segurança Geral = 5% x 2.112 = 105,6 horas.

Cuidados ao determinar os Parâmetros e Valores dos Indicadores de Referência para DFT

Alguns cuidados são necessários ao se determinar os parâmetros e valores dos indicadores de referência do DFT. O ideal é utilizar indicadores de referência de mercado, identificados por ações de *benchmarking*, porém, é sabido que nem sempre iremos conseguir essa pesquisa, restando-nos a opção de utilizar indicadores de referências internas.

Nesse caso, é fundamental ficarmos atentos à correta valoração desses indicadores, evitando o super ou subdimensionamento. É importante tomar cuidado com o impacto da cultura, por exemplo: dizer que uma pessoa executa um determinado volume de atividades porque hoje é assim que funciona. No entanto, ao se analisar a situação atual, essa pessoa somente consegue executar tal volume com horas extras ou deixando de realizar outras atribuições. Ou ainda, colocar um valor de horas necessárias para fazer a atribuição maior do que a realidade, favorecendo a ociosidade no DFT calculado.

Outro ponto a ser considerado no momento de determinar o Valor de Referência do Indicador é o atual desempenho dos ocupantes. Por exemplo, considere que uma pessoa conseguiria dar baixa de 20 processos ao dia, mas pelo fato de ela não ter um bom desempenho definimos o valor de referência do indicador em 12 processos ao dia. Nesse caso, estamos estimulando a baixa produtividade. É claro que sempre se recomenda uma margem de tolerância, mas se o Valor de Referência do Indicador ficar muito abaixo do esperado, não estaremos estimulando a busca do padrão de produtividade para tornar a empresa mais competitiva e eficiente.

Cuidado com a utilização de médias. Conta a lenda que o melhor estatístico do mundo morreu afogado em um lago que tinha 30 cm de profundidade em média. Às vezes, a observação das tendências pode nos mostrar algo mais assertivo do que as médias.

Ao estabelecer o tempo e demanda de volume de execução de uma atribuição (Figuras 8 e 10) vale lembrar que, em algumas ocasiões não temos a demanda da complexidade e que isso pode impactar diretamente a produtividade.

Por exemplo, em um Tribunal de Justiça, não há como prever a quantidade de processos que entrarão em um determinado período, tampouco sua complexidade. São fatores sobre os quais não temos governança. Existem processos de baixa complexidade que podem ser processados mais rapidamente e outros de maior complexidade, que demandam um tempo e esforço muito maior.

Para esses casos, um recurso que pode ser utilizado é a estimativa de tempo e demanda por níveis de complexidade, justamente para dar melhores condições de análise. Esse fato reforça a necessidade de fonte de dados para a comparação das demandas e complexidades de anos anteriores. É a necessidade da GDFT e não apenas do DFT.

A observação do Planejamento Estratégico também é um fator muito importante. Ao estabelecer um parâmetro, indicador ou volume de trabalho é preciso ajustá-lo de modo que possibilite o cumprimento das metas estabelecidas. Por exemplo, considere que atualmente o atendimento ao cliente em uma área é feito na máxima produtividade de 1 atendente para 20 clientes por dia, e que a área realize 100 atendimentos por dia, sendo necessários, portanto, 5 atendentes. Se o planejamento estratégico estiver prevendo 150 atendimentos, o DFT terá que considerar 150 atendimentos como *target* e não o atual.

Por outro lado, é importante parametrizar dentro de uma realidade exequível. De nada adianta dizer que uma área será demandada de uma megaestrutura se tal ação for inviável de ser realizada, técnica e economicamente. É preciso ficar atento e buscar o equilíbrio, pois a ânsia pelo aumento da produtividade pode gerar um gargalo na área de TI – Tecnologia da Informação –, por exemplo, afinal, é fato que o investimento em tecnologia tem como tendência, em um segundo momento, o aumento da produtividade.

O termo "em segundo momento" foi proposital, pois, na maioria das vezes, durante o processo de implantação das mudanças tecnológicas, a produtividade cai, até pela necessidade de processos rodarem em paralelo, assim como testes e outras questões. Essa também deve ser uma questão a ser considerada na determinação do FSG do cálculo do DFT.

Fatores que Impactam a Produtividade

É preciso chamar a atenção da quantidade de variáveis a serem consideradas e que devem ser parametrizadas por impactarem o total de horas que não são utilizadas na execução das atribuições especificadas (Figuras 8 e 10). É um número assustador que tem um impacto enorme na produtividade.

Para ilustrar, vamos considerar o exemplo que estamos usando desde o início deste capítulo de uma jornada de 44 horas semanais com 2.112 horas/ano. Se descontarmos apenas as férias e nove feriados durante um ano, já temos um total de 248 horas não produtivas. Somando 16 horas por ano de capacitação, que, convenhamos, é um número muito baixo, assim como um número ideal de 2% de absenteísmo e apenas 30 minutos por dia de horas improdutivas, para o banheiro e o cafezinho (fumar, nem em sonho, além de fazer mal, impacta a produtividade), apenas com esses parâmetros temos um índice de mais de 20% de Horas Improdutivas. Sem fazer esforço algum. E olha que existem diversos outros parâmetros. Quando você lançar todos os parâmetros, não se assuste com um número na faixa dos 40% a 60% de horas improdutivas. É um absurdo. É muito sério esse assunto e é preciso ter cuidado ao lançar esses parâmetros.

A produtividade, no entanto, ainda é o maior problema. Uma matéria veiculada na edição de 23/02/2015 do Jornal da Globo a qual transcrevo, retrata:

Produtividade do brasileiro é a que menos cresce durante uma década

Estudo da CNI foi feito com trabalhadores de 12 países, entre 2002 e 2012.

O custo do trabalho no Brasil subiu 136% no acumulado de dez anos.

Fonte: http://g1.globo.com/jornal-da-globo/noticia/2015/02/produtividade-do-brasileiro-e-que-menos-cresce-durante-uma--decada.html em 23/02/2015

A produtividade do trabalhador brasileiro foi a que menos cresceu em uma década entre 12 países avaliados por um estudo da Confederação Nacional da Indústria.

O custo unitário do trabalho, CUT, representa a média de gasto da indústria para produzir uma unidade de um bem qualquer: de carros, a computadores; de um avião, a um eletrodoméstico. Quanto maior for o custo, menor será a produtividade.

Capítulo 4 – Parâmetros e Variáveis que Impactam... 63

> A pesquisa da CNI abrangeu doze países, entre 2002 e 2012, e mostrou que o custo do trabalho no Brasil subiu 136% no acumulado de dez anos e 9% de média anual. Taxa duas vezes maior que a da Austrália, a segunda nesse ranking, e também do Canadá e Itália, que também tiveram aumento.
>
> O CUT leva em conta três variáveis: o salário médio real, a produtividade e a taxa de câmbio real. O Brasil, que aparece em segundo lugar no item salário, teve um aumento médio de quase 2% ao ano. Aparentemente, uma boa notícia. O problema é que no ranking da produtividade, a média de tempo para se produzir um produto, o Brasil aparece em último lugar.
>
> Na prática, isso significa aumento de custo, porque fica mais caro contratar um trabalhador, sem uma contrapartida no aumento da produtividade, que no Brasil só cresceu 0,6% em uma década. Bem menos que a primeira colocada, Coreia do Sul.
>
> "Toda essa questão da competitividade e também da qualidade da mão de obra afeta as decisões de investimentos tanto das empresas que estão localizadas no Brasil como de atração de investimentos externos", explica Renato da Fonseca, gerente de pesquisa/CNI.

Isso significa que temos de entender que é preciso fazer algo além do DFT, quem sabe até algo além da GDFT. A otimização de processos, a técnica do MAP apresentada no Capítulo 2, evitando a fragmentação de atribuições em pequenas tarefas, são ações iniciais, porém o foco em Tecnologia e na Gestão de Competências e Gestão do Desempenho são as pedras fundamentais e de sustentação dessas ações.

Infraestrutura, tecnologia, capacitação técnica e integração com GPC, pois não adianta dimensionar por um perfil ideal e não ter executores com o perfil de competências e de produtividade compatível com o que foi desenhado. A produtividade será menor. É preciso lembrar sempre que competência é matéria-prima para melhores e maiores resultados.

Sazonalidade ou Pico de Demanda Semanal, Mensal ou Anual

É muito comum que, na empresa, ocorram picos de demanda, que podem ser semanais, mensais ou até mesmo anuais. Na véspera do fechamento de uma revista semanal, por exemplo, várias ações serão necessárias. Até uma simples pizzaria, aos sábados, precisa de um número maior de entregadores e, mesmo assim, nas noites de sábado com chuva e frio, nem se fala, pois o movimento aumenta demais. O comércio com as datas especiais, como Dia das Mães, Natal e outras datas comemorativas. Empresas com produção de bebidas ou doces específicos para épocas do ano, como o verão ou Festas Juninas. Uma feira ou evento que ocorre anualmente, como o Planejamento Estratégico ou uma Convenção. Todos são exemplos de pontos que podem demandar um estudo pontual, sendo necessário o acréscimo na quantidade de colaboradores gerada pelo DFT, ou até mesmo de uma ação pontual, como a contratação de mão de obra temporária.

As metodologias apresentadas consideram um fluxo de atividade padrão, com situações até eventuais, como o exemplo do Planejamento Estratégico, entretanto, que possam ser absorvidas dentro do fluxo de trabalho normal.

Isso significa que, para atender ao cálculo da sazonalidade, o período de sua execução deve ser retirado do cálculo, incluindo horas trabalhadas e improdutivas de forma que este mesmo período, com maior fluxo, seja calculado de forma isolada. Os cálculos, portanto, devem ser apresentados separadamente.

Para ilustrar com um exemplo muito simples, considere um estabelecimento que trabalhe todos os dias, com pico de demanda aos sábados e domingos. Nesse caso, toda a base deve ser feita para cinco dias, de segunda a sexta-feira. Depois, o estudo deverá ser feito para o final de semana, e o resultado final deverá apresentar os dois números, separadamente.

Capítulo 5

Exemplo de Aplicação do Dimensionamento da Força de Trabalho

Apresentamos um projeto de DFT estruturado em sete fases: Planejamento, Preparação, Coleta, Processamento e Análise de dados, Conclusão e de Gestão. Cada fase é composta por uma ou mais etapas, conforme detalhado a seguir.

Fases e Etapas para Implantação de um Projeto de DFT

PROJETO DE GESTÃO DO DIMENSIONAMENTO DA FORÇA DE TRABALHO

Fase	Etapa	Etapa	Etapa	Etapa
Planejamento	Escopo e Cronograma	Técnica	Parâmetros	Infraestrutura e Patrocinadores
Preparação	Capacitação Equipe Coleta	Sensibilização dos Gestores		
Coleta	Coleta do Formulário	Análise e Validação de Dados		
Processamento	Cálculo do DFT			
Análise	Cruzamento DFT X Componentes FGS	Análise Impacto Financeiro		
Conclusão	Ajustes	Relatório Conclusivo		
Gestão	GDFT			

Figura 14: Etapas para a Implantação de um Projeto de GDFT

A fase do **Planejamento** é a base do projeto de DFT. É preciso dedicar tempo para as etapas que a compõem, pois é preciso ter a definição de uma série de informações que serão a sustentação do projeto.

Capítulo 5 – Exemplo de Aplicação do Dimensionamento... 67

Além do **cronograma** de todo o trabalho como um dos principais produtos, nesta fase temos a etapa de definição do **escopo** de atuação, ou seja, onde ocorrerá o DFT, se na empresa toda ou em uma área ou setor. Caso esteja iniciando um projeto de DFT pela primeira vez e nunca tenha feito mapeamento de processos ou o MAP, é recomendada a execução de um piloto antes de levar a técnica para toda a organização, assim, você poderá testar os conceitos apresentados e fazer os devidos ajustes de abordagem sem expor toda a organização.

A definição da **técnica** de DFT, se será utilizado o DFT por Atribuições, por Produtos, por Indicadores de Referência ou por Atribuições Principais, o estabelecimento dos **parâmetros** de produtividade para toda empresa, por área, unidade ou função, também demandam atenção especial. Em algumas situações, pode-se optar pelo apoio de uma consultoria para desenvolver uma oficina com um comitê da empresa para fundamentar e estruturar essas definições.

Por fim, mas não menos importante, aliás, digamos uma etapa crucialmente importante, é a definição de **infraestrutura e patrocinadores** do projeto. A infraestrutura é tudo aquilo que será necessário para a execução de cada etapa, como salas, formulários, sistemas, planilhas, equipes, equipamentos etc., enquanto os patrocinadores são os gestores, dirigentes da organização e outras pessoas de conhecimento técnico e apoio político para incentivar e influenciar a participação de gestores e equipes nas etapas de construção do projeto, principalmente na fase da coleta, que é, sem dúvidas, a mais trabalhosa da implantação. Esse apoio é fundamental para a continuidade, sustentação e perpetuação do projeto, independentemente da gestão.

A segunda fase é a da **Preparação**, que possui duas etapas. Durante a preparação será necessário realizar a **capacitação da equipe de coleta**, que são os colaboradores que ficarão à frente desta ação, caso sua empresa não faça a opção pela contratação de uma consultoria para conduzir o projeto. Nessa equipe de coleta teremos os multiplicadores da metodologia do DFT adotada, já com os parâmetros ou diretrizes desses parâmetros estabelecidos na fase do planejamento, assim, a equipe de coleta precisará ter total domínio das técnicas em que será apoiado o DFT, seja a descrição de função, o mapeamento de processos, o MAP ou até mesmo a identificação de indicadores, caso seja utilizada a técnica de DFT por Indicadores de Referência.

Uma vez capacitada a equipe de coleta, antes de ir a campo para realizá-la é preciso fazer a **sensibilização dos gestores**, justamente para gerar envolvimento e apoio nas ações que terão que ser executadas.

A fase da **Coleta** é composta pela etapa da coleta dos formulários e **análise e validação dos dados**. Sem dúvidas, essa é a parte mais árdua do projeto. O apoio da equipe de coleta e da área de Recursos Humanos é fundamental. Aqui vão aparecer muitas dúvidas, pois além da dificuldade do preenchimento do mapeamento de processos, MAP ou descrição de função, que não é rotina dos gestores, eles terão muitas dúvidas quanto aos valores de demanda e tempo utilizado. Envolver a equipe é fator crítico de sucesso do projeto, entretanto, é necessário estar atento aos parâmetros estabelecidos, pois a tendência natural é colocar dados que resultarão em um alto dimensionamento de pessoal. É importante que essa etapa seja feita por partes. Por exemplo, se for utilizado o MAP, primeiramente identifique os produtos e atribuições. Somente depois faça a identificação das competências técnicas e, quando tudo estiver finalizado, dedique-se à entrada das demais informações de tempo e demanda. Se os produtos e atribuições não estiverem claros e bem definidos, haverá grande perda de trabalho para refazer as atribuições. Portanto, tenha foco e faça uma etapa por vez.

Somente depois dos dados coletados e validados é que deve ser iniciada a fase do **Processamento**, que é basicamente a aplicação dos **cálculos do DFT**, gerando a quantidade de pessoas necessárias para cada mapeamento de processos, MAP ou descrição de função, de acordo com a técnica adotada.

Embora o cálculo do DFT contemple o FGS, o Fator Geral de Segurança, na fase de **Análise**, deve acontecer um aprofundamento desse estudo **cruzando** as **quantidades** calculadas pelo **DFT** em cada função **com** os parâmetros que compõem o **FGS**, proporcionando a oportunidade de revisão de qualquer equívoco ou tomando alguma ação preventiva mediante à sinalização dos componentes do FGS. Com a diferença entre o quadro de pessoal atual e o projetado no DFT deverá ser feita **análise do impacto financeiro** na folha de pagamento e no orçamento.

Capítulo 5 – Exemplo de Aplicação do Dimensionamento... 69

Na fase da **Conclusão**, além dos **ajustes** frente à análise do impacto financeiro, deve ser gerado o **relatório conclusivo**, com a definição final das quantidades do DFT para cada função.

Com essa fase está concluído o DFT, entretanto, é justamente nesse momento que deve ser iniciada a fase da **Gestão**, onde acontecerá o acompanhamento do previsto *versus* o realizado e o acompanhamento dos indicadores dos parâmetros, além das atualizações de processos e ajustes de tempo. Enfim, começa a **GDFT** – Gestão do Dimensionamento da Força de Trabalho.

O próximo capítulo irá explorar as principais características de uma GDFT.

Exemplo do cálculo do DFT

Finalmente chegou o momento de apresentar um exemplo de como calcular o DFT. Irei utilizar o DFT por Atribuições, utilizando o MAP como apoio.

Primeiramente, temos que encontrar o **Percentual de Produtividade das Horas Trabalhadas** que é calculado pela seguinte fórmula:

$$Percentual\ de\ Produtividade = \frac{Total\ de\ Horas\ Ano - Total\ de\ Horas\ Improdutivas}{Total\ de\ Horas\ Ano}$$

Para calcular o Total de Horas Ano, foram consideradas as seguintes variáveis: Jornada Semanal de 40 horas, com 5 dias trabalhados, de segunda a sexta-feira, compensando o sábado, totalizando 8 horas/dia, 176 horas/mês, 22 dias úteis/mês e 2.112 Horas/ano.

Além desses dados, a Figura 15 apresenta os demais parâmetros para o DFT desse exemplo. As linhas destacadas em cinza apresentam o total de horas e, as demais, dados de entrada, como quantidade de dias ou percentuais, conforme especificação.

PARÂMETROS DO DFT			
Jornada Semanal	40	Taxa Fadiga	5%
Dias Trabalhados	5	**Horas Fadiga**	**105,6**
Horas / Dia	8	Taxa de Interrupções	8%
Dias Trabalhados Base DSR	6	**Interrupções**	**168,96**
Horas Mês com DSR	200	Taxa Paradas Forçada	1%
Dias Mês	22	**Paradas Forçadas**	**21,12**
Horas Trabalhadas Mês	176	Taxa Tarefas não dimensionadas	5%
Horas Ano	**2.112**	**Tarefas não dimensionadas**	**105,6**
		Taxa FGS	2%
Férias	**176**	**FGS**	**42,24**
Feriados Ano	9		
Feriados	**72**	**Total Horas Improdutivas**	**828,00**
Dias Bonificação	2	**Total Horas Produtivas**	**1.284,00**
Bonificação	**16**	**Percentual Produtividade**	**60,80%**
Educação Continuada	**36**	**Horas Produtiva / Mês**	**107,00**
Índice Absenteísmo	4%		
Absenteísmo	**84,48**		

Figura 15: Parâmetros do exemplo do DFT

- **Férias**, totalizando 176 horas por ano.
- Nove dias de **Feriados**, totalizando 72 horas por ano.
- Dois dias de **Bonificações**, totalizando 16 horas por ano.
- Trinta e seis horas de **Educação Continuada** por ano.
- Quatro por cento de taxa de **Absenteísmo**, totalizando 84,48 horas por ano.
- Cinco por cento de taxa de **Fadiga**, totalizando 105,6 horas por ano.
- Oito por cento de taxa de **Interrupções**, totalizando 168,96 horas por ano.
- Um por cento de taxa de **Paradas Forçada**, totalizando 21,12 horas por ano.
- Cinco por cento de taxa de **Tarefas não Dimensionadas**, totalizando 105,6 horas por ano.
- Dois por cento de taxa de **Fator Geral de Segurança**, totalizando 42,24 horas por ano.

Capítulo 5 – Exemplo de Aplicação do Dimensionamento... 71

Com esses parâmetros temos um total de 828 **Horas Improdutivas** por ano contra 1,284 **Horas Produtivas** por Ano, gerando um Percentual de Produtividade de 60,80% e uma quantidade de 107 **Horas Produtivas/mês**.

É assustador, mas é a realidade. Isso significa dizer que, das 8 horas de trabalho por dia, apenas 4 horas e 51 minutos são utilizados na execução das atribuições dos produtos. Veja o quanto é preciso fazer para aproveitar o pouco tempo dedicado às principais atividades do trabalho no principal objetivo da unidade, que é a geração de seus produtos.

Continuando nosso exemplo, a Figura 16 apresenta a composição do MAP de uma área, sem especificar, momentaneamente, as competências técnicas e os níveis de proficiência, apenas para facilitar a apresentação dos cálculos.

PRODUTO	ATRIBUIÇÕES	Tempo Unitário Padrão	Estimado/Cronometrado	Demanda Volume	Frequência	Carga Horária Total / Mês	Carga Horária Total / Ano	FUNÇÃO	TOTAL PESSOAS
Produto A	Atribuição 01	600	E	1	Diário	220,00	2.640,00	F1	2,0561
	Atribuição 02	240	E	3	Mensal	12,00	144,00	F1	0,1121
	Atribuição 03	180	E	1	Diário	66,00	792,00	F2	0,6168
	Atribuição 04	60	E	5	Diário	110,00	1.320,00	F3	1,028
	Atribuição 05	30	E	3	Semanal	6,00	72,00	F2	0,0561
	Atribuição 06	90	E	1	Diário	33,00	396,00	F2	0,3084
Produto B	Atribuição 07	120	E	4	Diário	176,00	2.112,00	F1	1,6449
	Atribuição 08	120	E	4	Semanal	32,00	384,00	F3	0,2991
	Atribuição 09	800	E	1	Mensal	13,33	160,00	F2	0,1246
	Atribuição 10	2.400	E	1	Anual	3,33	40,00	F3	0,0312
Produto C	Atribuição 11	900	E	6	Eventual	7,50	90,00	F3	0,0701
	Atribuição 12	90	E	2	Diário	66,00	792,00	F2	0,6168
	Atribuição 13	180	E	5	Diário	330,00	3.960,00	F2	3,0841
						1.075,17	12.902,00		10,05

Figura 16: Exemplo do Cálculo do DFT

Temos: Três Produtos – Produto A, B e C –, cada um com uma quantidade diferente de atribuições; o tempo, expresso em minutos, estimado para executar uma vez a atribuição; a demanda de volume da atribuição e a periodicidade. Para cada atribuição, então, é calculada a Carga Horária Mensal e, pelo fator de conversão apresentado anteriormente na Figura 9, é projetada a Carga Horária Anual. As demandas de trabalho efetivo nessas atividades totalizam 1.075,17 horas por mês ou 12.902 horas por ano.

As atribuições deste MAP são realizadas por três funções, nominadas F1, F2 e F3, evidenciadas na coluna "FUNÇÃO" da Figura 16.

Com esses dados podemos obter o "TOTAL DE PESSOAS" necessárias para executar cada atribuição, de acordo com a seguinte fórmula:

$$Total\ de\ Pessoas = \frac{Carga\ Horária\ Total/mês}{Horas\ Produtivas/mês}$$

Além da quantidade de pessoas necessárias para cada atribuição, temos o total de pessoas demandas. As 1.075,17 horas de Carga Horária Mensal divididas pelas 107 Horas Produtivas Mensais resultam em 10,05 pessoas. Entretanto, temos três funções diferentes (F1, F2 e F3) e é preciso fazer a totalização por função para identificar a quantidade de pessoas necessárias, conforme apresentado na Figura 17.

Função	Total Pessoas	Total Final
F1	3,81	4
F2	4,81	5
F3	1,43	2
Total	10,05	11

Figura 17: Exemplo do Cálculo do DFT com totalização por Função

Portanto, serão necessárias 11 pessoas na área onde foi aplicado o exemplo, sendo 4, 5 e 2 nas funções F1, F2 e F3, respectivamente.

A diferença do quantitativo de pessoas por função do quadro atual com o Total Final Dimensionado deverá ser projetada na folha de pagamento para análise do impacto financeiro.

Capítulo 6

Saindo do Dimensionamento da Força de Trabalho para a Gestão do Dimensionamento da Força de Trabalho

Uma vez realizado o DFT temos um relatório em mãos que nos dará as diretrizes para alinhar o quadro de pessoal com as necessidades da organização. Contudo, o mundo em que vivemos é muito ágil. A certeza de hoje é o "talvez" de amanhã e o "quem sabe" de depois de amanhã. A única coisa que podemos afirmar, sem receio de errar, é que mais mudanças irão ocorrer e em uma velocidade ainda maior.

Isso implica que, em pouco tempo, o DFT pode estar totalmente desatualizado. Pode ser apenas questão de meses.

A alternativa, então, é evoluir com o projeto para a GDFT, ou seja, a Gestão do Dimensionamento da Força de Trabalho.

Mapa de Gargalo

A ideia da GDFT é, basicamente, disponibilizar uma espécie de painel onde possam ser visualizados os pontos que merecem ser monitorados ou que necessitam de uma intervenção, além de permitir o acesso para ajustar Parâmetros e Indicadores de Referência do DFT, tempos e demandas das atribuições, além da própria revisão das atribuições, função ou MAP.

A análise do Mapa de Gargalo oferece ao gestor uma visão das áreas que merecem atenção especial. Imagine selecionar uma área ou uma unidade e ter uma visão de todos os MAPs associados a essa unidade com a comparação da quantidade de colaboradores atuais com a quantidade dimensionada, informações do desempenho da área, o percentual de produtividade e, ainda, a percepção geral do gestor sobre a demanda e estrutura da equipe.

Capítulo 6 – Saindo do Dimensionamento da Força de Trabalho... 75

Administrativo Financeiro	Qt. Colab. Atual:	8	Atendimento ao Cliente	Qt. Colab. Atual:	12
	Qt. Colab. Prevista:	6		Qt. Colab. Prevista:	16
	Vacância:	-33,3%		Vacância:	25,0%
	CDC Metas:	88%		CDC Metas:	78%
	CDC Resp.:	90%		CDC Resp.:	90%
	CDC Ind. Prod.:	94%		CDC Ind. Prod.:	88%
	Produtividade:	60,8%		Produtividade:	52,0%
	Percepção Gestor:	Solicitar Análise		Percepção Gestor:	Solicitar Análise
RH	Qt. Colab. Atual:	4	Pesquisa e Desenvolvimento	Qt. Colab. Atual:	6
	Qt. Colab. Prevista:	4		Qt. Colab. Prevista:	5
	Vacância:	0,0%		Vacância:	-20,0%
	CDC Metas:	90%		CDC Metas:	84%
	CDC Resp.:	95%		CDC Resp.:	96%
	CDC Ind. Prod.:	85%		CDC Ind. Prod.:	79%
	Produtividade:	60,8%		Produtividade:	55,9%
	Percepção Gestor:	Conformidade		Percepção Gestor:	Não Analisado

Figura 18: Exemplo Mapa de Gargalo por Área

A Figura 18 apresenta um exemplo de um Mapa de Gargalo por Área. São quatro as áreas ilustradas no exemplo: Administrativo Financeiro, Atendimento ao Cliente, RH e Pesquisa e Desenvolvimento.

Note que, pelo mapa apresentado conseguimos identificar facilmente as áreas com algumas necessidades de acompanhamento ou intervenção.

As informações básicas do Mapa de Gargalo são a quantidade de colaboradores atual *versus* a prevista no dimensionamento, gerando o percentual de vacância. As informações de produtividade e de desempenho complementam as informações e fomentam as análises com o cruzamento do percentual de vacância. Por fim, a percepção do gestor da área quanto à demanda de trabalho e pessoas alocadas na área, embora seja um viés subjetivo, deve ser considerada, pois é um indicador de quem está no dia a dia envolvido no trabalho e pode sinalizar a necessidade de intervenções.

No exemplo da Figura 18, especificamente da área Administrativa Financeira, temos uma vacância negativa, o que significa que temos mais colaboradores alocados na área do que a quantidade prevista no DFT. Analisando os números friamente, a recomendação seria simplesmente movimentar duas pessoas para outras áreas. Mas, se a percepção do gestor for que a área está no sufoco, com grande volume e a atual equipe não está dando conta da demanda, tirar duas pessoas irá agravar ainda mais a situação.

O objetivo da GDFT não é ser uma ferramenta fria que determina, simplesmente, a redução ou o aumento do número de pessoas trabalhando aqui ou ali. Seu objetivo é oferecer informações para análise e permitir a melhor intervenção de forma a aumentar a eficiência da área, afinal, existem informações a serem consideradas que o número frio, simplesmente, não detecta.

Por exemplo, na área do exemplo citado, a quantidade de mulheres que possam vir a pedir afastamento por gravidez, pessoas que irão se desligar da empresa voluntariamente ou por aposentadoria no período, entre outros fatores, podem justificar a necessidade do gestor em manter uma lotação acima do calculado pelo DFT.

Em alguns casos, uma análise mais detalhada dos tempos determinados para o DFT é a melhor recomendação. Se, por acaso, a unidade analisada não teve processos mapeados, apenas o MAP ou descrição de função, uma opção seria a realização do mapeamento de processos pontualmente na unidade em questão, e não em toda a organização. Essa ação pode gerar otimizações para a determinação dos processos e também dos tempos de referência, identificando a causa raiz da baixa produtividade ou necessidade da manutenção ou aumento do quadro, segundo a percepção do Gestor. Este estudo pode até, se necessário e aplicável, demandar a aplicação da técnica de cronometragem de tempo de algumas tarefas para maior assertividade do DFT.

Já a área Pesquisa e Desenvolvimento do exemplo da Figura 18 aponta para outra necessidade de análise, associada ao fator produtividade. Com uma vacância negativa, ou seja, mais pessoas do que a apontada pelo DFT, e com um índice de produtividade de 55%, a análise dos fatores que estão impactando a quantidade de horas produtivas deve ser pesquisada.

O gestor é o grande responsável por manter o Mapa de Atribuições por Produto ou a Descrição de Função atualizados. Essa não é uma responsabilidade da área de Recursos Humanos. A GDFT precisa permitir ao gestor que faça o registro dessas mudanças.

Capítulo 6 – Saindo do Dimensionamento da Força de Trabalho...

Compete à área de RH promover o amadurecimento e monitoramento dessas informações. Somente trabalhando de forma integrada será possível manter essas informações atualizadas sem que se percam com o passar do tempo.

A empresa pode, também, montar um comitê de Análise do Mapa de Gargalo e fazer recomendações aos gestores. Toda ação para levar a Gestão do Dimensionamento da Força de Trabalho sempre será muito bem-vinda, e ainda mais útil para a organização.

Anexo **I**

Síntese da Metodologia da Avaliação de Desempenho com Foco em Competências

Avaliação de Desempenho não é Avaliação de Competências

Para este alinhamento conceitual, farei um breve resumo da Metodologia que desenvolvi chamada Avaliação de Desempenho com Foco em Competência. Ela trabalha com o Conceito de Entrega do Colaborador, ampliando a visão tradicional de competências, normalmente limitada ao famoso CHA – Conhecimentos, Habilidades e Atitudes.

Fica o convite àqueles que se identificarem com o resumo desta Metodologia para lerem meu segundo livro, chamado *Avaliação de Desempenho com Foco em Competência – A base para a Remuneração por Competências*, publicado por esta mesma editora.

Scott B.Parry conceitua competências como:

> *"Um agrupamento de conhecimentos, habilidades e atitudes correlacionadas que afeta parte considerável da atividade de alguém, que se relaciona com seu desempenho, que pode ser medido segundo padrões preestabelecidos, e que pode ser melhorado por meio de treinamento e desenvolvimento."*

A proposta é ter dois grupos de competências chamados **Competências Técnicas**, o "CH" do CHA e **Competências Comportamentais**, o "A" do CHA.

Competências Técnicas

As Competências Técnicas são todos os conhecimentos específicos ou ferramentas que o colaborar precisa conhecer e dominar para realizar as atribuições inerentes à sua função ou papel, tais como

Anexo I – Síntese da Metodologia da Avaliação de Desempenho... 81

legislação, aplicativos de informática, softwares de gestão, metodologias, idiomas etc.

Competências Técnicas são a união do CH do CHA – Conhecimento e Habilidade – e se justifica pelo fato da desnecessidade e, em vários casos, da impossibilidade de se avaliar o conhecimento desassociado da habilidade.

Competências Comportamentais

Competências Comportamentais são as atitudes de um profissional que impactam os seus resultados e desempenho. Elas constituem o diferencial competitivo de cada profissional. É o A do CHA.

Foco em Resultado, Liderança, Comunicação, Trabalho em Equipe, Comprometimento, são alguns exemplos de Competências Comportamentais.

Utilizando uma metáfora, podemos afirmar que o significado e a abrangência de uma competência comportamental são amplos como um universo, representado pela circunferência completa da Figura 19.

Entretanto, apenas uma parte deste universo é necessária para uma empresa – a parte mais clara da figura. Nela está o significado daquela Competência Comportamental para a organização.

Figura 19: Metáfora do significado e abrangência
de uma Competência Comportamental

O Anexo II traz um resumo da Metodologia do Inventário Comportamental para Mapeamento de Competências, que foi trabalhada por mim em meu primeiro livro, chamado *Aplicação Prática de Gestão de Pessoas por Competências*, publicado por esta mesma editora, a Qualitymark.

A Ampliação do Conceito de Competências: Conceito da Entrega do Colaborador

A definição de Competências Scott B. Parry apresentada traz um fragmento que merece uma atenção especial quando diz que o *CHA* **relaciona-se com o desempenho**. Isso significa que apenas Conhecimento, Habilidade e Atitude, por si só, **não é o mesmo que desempenho**.

Podemos concluir, portanto, que as empresas que fazem um processo de mapeamento de competências, independentemente da metodologia adotada, e avaliam tais competências dizendo que estão fazendo uma Avaliação de Desempenho, cometem um **grande equívoco**, já que AVALIAÇÃO DE COMPETÊNCIAS não é AVALIAÇÃO DE DESEMPENHO.

Somente um conjunto de Conhecimentos, Habilidades e Atitudes não é suficiente para a Organização. Dessa forma, com todo o respeito aos colaboradores, as suas competências não importam muito, mas sim aquelas que ele entrega para a empresa. Vejamos: se o colaborador tem determinada competência, mas não a entrega, de nada adianta para a organização.

Competências não é Desempenho! Competências é a matéria prima para o desempenho.

É preciso ampliar o conceito de competências elevando-o a um patamar mais pragmático e que permita uma integração clara com os objetivos da organização para que possamos comprovar os benefícios de uma Gestão Estratégica de Pessoas alinhada aos objetivos organizacionais.

Anexo I – Síntese da Metodologia da Avaliação de Desempenho... 83

Ampliação do Conceito de Competências

Técnica | Comportamental | Resultados | Complexidade (Responsabilidades)

Entrega do Colaborador
CDC – Coeficiente de Desempenho do Colaborador

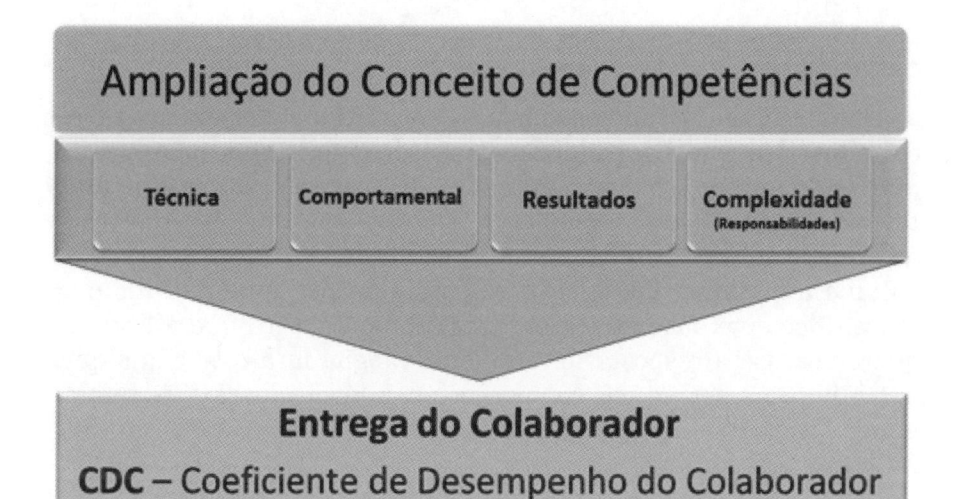

Figura 20: CONCEITO DA ENTREGA: Ampliação do Conceito de Competências

O Conceito de Entrega é trabalhado na metodologia que chamei de "Avaliação de Desempenho com Foco em Competência", que propõe a mensuração do desempenho do colaborador por meio de quatro perspectivas básicas:

- Competência Técnica
- Competência Comportamental
- Resultados
- Complexidade

As duas primeiras perspectivas têm origem no CHA das competências, conforme visto no início deste anexo.

A Perspectiva Resultados e o Alinhamento com a Estratégia Organizacional

A perspectiva Resultados é representada pelos resultados, metas e objetivos traçados para o colaborador.

A importância dessa perspectiva é compor a Avaliação de Desempenho com Foco em Competências e se justifica pelo fato de que não adianta um colaborador ter competência técnica e competência comportamental se isso não gera resultados.

Então, avaliação de desempenho não seria, exclusivamente, resultados? Há tempos, poderíamos até dizer que sim, porém a demanda do mundo e da gestão contemporânea não nos permite mais tal leitura, que pode transmitir a seguinte mensagem equivocada aos colaboradores "Desempenho é resultado, portanto, atinja o resultado a qualquer custo, mesmo passando por cima de tudo e de todos, inclusive dos valores organizacionais!". Será que é isso que queremos? Se a resposta for sim, então jogue fora este e qualquer outro livro de gestão por competências, aliás, esqueça esse tema e aquele jargão de que "o maior capital de uma empresa é o seu capital humano", por favor.

Resultados são fundamentais para a existência de uma empresa, porém, a maneira que estes resultados são conquistados também deve compor o desempenho. Mais um ponto para a justificativa do nome da metodologia: Avaliação de Desempenho, porém, com foco em Competências.

Outra questão importante desta perspectiva é que ela representa a integração entre Gestão de Pessoas e a Estratégia Empresarial. A Estratégia Empresarial a que me refiro é o Planejamento Estratégico da empresa, independentemente da metodologia utilizada para sua elaboração.

Por exemplo, se a metodologia utilizada pela empresa for o BSC – Balanced Scorecard –, temos o desdobramento da estratégia em Fatores Críticos de Sucesso, Objetivos Estratégicos, Metas e Planos de Ação. De maneira geral, os Objetivos Estratégicos compõem a perspectiva Resultados de Presidentes e Diretores. As metas do planejamento são as que irão compor a Perspectiva Resultados dos Gerentes, enquanto os planos de ação compõem a Perspectiva Resultados dos Colaboradores. Essa associação pode variar de acordo com os objetivos, cultura e estratégia de implantação adotada.

A Perspectiva Complexidade

Para provocar um novo olhar com o objetivo de completar o conceito da Avaliação de Desempenho com Foco em Competências, considere um colaborador que seja ótimo tecnicamente, ótimo na parte comportamental e, ainda, que tenha atingido todas as metas que foram traçadas para ele.

Embora esse colaborador tenha obtido tal êxito, considere que ele tenha deixado de realizar alguma das atribuições que são de sua responsabilidade e que estão registradas no documento chamado Descrição de Função.

A pergunta é: Podemos afirmar que o colaborador do exemplo teve um desempenho de 100%? Claro que não, afinal, ele não cumpriu, com perfeição, algo que é de sua responsabilidade.

A Perspectiva Complexidade tem como objetivo, portanto, avaliar a qualidade empregada pelo colaborador na realização das atribuições que estão sob sua responsabilidade uma vez que aquelas refletem, na sua ENTREGA, as expectativas do desempenho da função que o colaborador ocupa.

É provável que o amigo leitor esteja pensando: "Mas isso já não estaria apurado na Perspectiva Resultados?" A resposta é "não obrigatoriamente".

Toda meta é oriunda de uma atribuição, mas não são todas as atribuições que geram, obrigatoriamente, uma meta.

A maneira de termos informações para o melhor diagnóstico, proporcionado um feedback efetivo, é fazendo o cruzamento das quatro perspectivas que compõem a Entrega do colaborador de acordo com a metodologia proposta.

A Mensuração do Coeficiente de Desempenho do Colaborador

A Avaliação de Desempenho com Foco em Competências não é uma avaliação única. Ela é composta de três avaliações – Competências Técnicas, Competências Comportamentais e Avaliação das Responsabilidades que compõem a perspectiva Complexidade – e de uma apuração de Resultados, que são as metas que o colaborador deve atingir.

O Coeficiente de Desempenho do Colaborador – CDC – é, portanto, uma média do resultado obtido pelo colaborador em cada uma das perspectivas. Veja o exemplo.

Perspectiva	Percentual de Desempenho da Perspectiva
Técnica	73 %
Comportamental	87%
Resultados	90%
Complexidade	80%
Soma dos Percentuais	330
Quantidade de Perspectivas	4
CDC	**82,5%**

Figura 21: Cálculo simplificado do CDC – Coeficiente de Desempenho do Colaborador

O cálculo acima demonstra que o colaborador do exemplo teve um desempenho, pelo Conceito da Entrega, de 82,5%.

A análise do CDC tem como objetivo mensurar o quanto o colaborador está entregando e em qual perspectiva ele tem a necessidade de ser desenvolvido.

É possível fazer uma ponderação no cálculo do CDC dos colaboradores. Tal possibilidade justifica-se pelo fato de os colaboradores executarem funções diferentes e a expectativa de desempenho de um colaborador em determinada função pode requerer mais de uma perspectiva em relação a outra.

Tomemos como exemplo um colaborador que realiza atendimento ao cliente. Nesse caso, a perspectiva comportamental pode ser mais relevante para compor o desempenho se compararmos tal colaborador a outro que realiza cálculos estatísticos ou que trabalha na contabilidade.

Essa ponderação entre as perspectivas deve ser previamente estabelecida e comunicada para os colaboradores.

Veja um exemplo de ponderação e como ficaria o CDC do exemplo anterior com a utilização da seguinte ponderação de acordo com o nível hierárquico.

Anexo I – Síntese da Metodologia da Avaliação de Desempenho... 87

Funções	Técnica	Comportamental	Resultados	Complexidade
Diretores	0%	30%	30%	40%
Gerentes	20%	30%	30%	20%
Colaboradores	30%	30%	20%	20%

Figura 22: Ponderação de Pesos para as Perspectivas do CDC por Nível Hierárquico

Perspectiva	Percentual de Desempenho da Perspectiva	Ponderação (referência gerente)	Pontos
Técnica	73 %	20%	14,6
Comportamental	87%	30%	26,1
Resultados	90%	30%	27,0
Complexidade	80%	20%	16,0
		Soma dos Pontos	83,7
		CDC	83,7%

Figura 23: Cálculo do CDC com ponderação das Perspectivas

Essas quatro perspectivas, então, compõem o Coeficiente de Desempenho do Colaborador, o CDC, que mensura a efetiva Entrega do colaborador para a organização, ou seja, suas competências, mas agora no sentido amplo e não limitado apenas ao CHA.

O CDC é a referência que pode ser utilizada para as políticas de Gestão de Pessoas, pois ele representa a meritocracia.

Para mais detalhes consulte os livros que publiquei por esta mesma editora:

- *Avaliação de Desempenho com Foco em Competência – A base para a Remuneração por Competências*
- *Gestão por Competências no Setor Público*

Anexo II

O Inventário Comportamental para Mapeamento de Competências

Este é um resumo da Metodologia do Inventário Comportamental para Mapeamento de Competências. Ela permite a identificação das competências comportamentais necessárias para que a empresa possa agir alinhada à Missão, Visão e Valores por meio da condução de uma atividade onde os próprios colaboradores identificam as competências da organização, de forma simples, rápida e participativa.

Faço o convite àqueles que se identificarem com o resumo desta Metodologia para lerem meu primeiro livro chamado *Aplicação Prática de Gestão de Pessoas*, publicado por esta mesma editora.

As competências identificadas servem como base e sustentação para todo o processo de Gestão por Competências de forma sólida, pois trabalham com a redução da subjetividade e têm comprovação matemática.

Características do Inventário Comportamental

- *É baseado no conceito de Indicadores de Competências*, o que não requer que os colaboradores tenham conhecimentos teóricos sobre competências.
- *Utiliza os Recursos da Própria Empresa*, pois a implantação pode ser realizada pelo próprio RH das empresas e o levantamento dos indicadores é realizado diretamente com os colaboradores, o que valoriza o papel de cada um na organização e caracteriza o processo por um método Construtivo e Participativo.
- *Comprovado Matematicamente*: O *Inventário Comportamental* tem respaldo matemático para cálculo do NCF – Nível de Competências da Função –, do NCC – Nível de Competências do Colaborador – e do NCE – Nível de Competências do En-

trevistado (candidato) –, reduzindo a subjetividade do processo tradicional de mapeamento de Competências. De acordo com pesquisas na literatura, o *Inventário Comportamental* é a única metodologia comprovada matematicamente.

- Redução do tempo de Mapeamento e Avaliação das Competências Comportamentais, o que significa redução de custos no processo de mapeamento, permitindo que sejam transferidos os recursos de investimentos do mapeamento e a avaliação para o treinamento e desenvolvimento dos colaboradores.

- Aumento da assertividade, pois trabalha com indicadores construídos pela própria organização.

- Avaliações com Foco em Competências Comportamentais construídas de forma precisa e objetiva, aumentando a eficiência do processo.

- Implantação rápida, simples e em linguagem acessível para a organização.

- Identificação das questões a serem aplicadas na Avaliação com Foco em Competências, da Autoavaliação até a 360 o.

- Base consistente para desenvolver os colaboradores de forma objetiva e precisa.

- Base para elaborar as questões a serem aplicadas na Entrevista Comportamental para a Seleção por Competências.

- Aplicável em empresas de qualquer porte, segmento ou número de colaboradores.

A Metodologia

A metodologia tradicional de mapeamento de competências gera, logo de início, uma grande dificuldade para os colaboradores, pois exige que eles falem em competências como: flexibilidade, criatividade, foco em resultado, visão sistêmica etc.

Essa não é a linguagem do dia a dia da organização e oferece uma grande dificuldade para a compreensão e implantação da Gestão por Competências.

A proposta do Inventário Comportamental é trabalhar com os Indicadores de Competências Comportamentais, que são os comportamentos que podem ser observados nas pessoas.

As pessoas apresentam, a todo momento, indicadores de competências comportamentais por meio de seus comportamentos diários. É fato, também, que nem sempre esses comportamentos são adequados, sendo que alguns precisam ser melhorados e outros desenvolvidos. Há ainda aqueles que precisam ser "implantados", justamente por não existirem.

O papel do Inventário Comportamental é identificar quais são esses comportamentos, os bons, os ruins e quais precisam ser "implantados/desenvolvidos" nos colaboradores.

O desafio é falar em competências sem usar a linguagem das competências e, principalmente, extrair dos colaboradores esses indicadores. Aqueles têm a resposta precisa para a solução desse impasse, pois, melhor do que ninguém, vivem a realidade da empresa diariamente.

E o que pode ser mais real e consistente do que um Comportamento que pode ser observado para a definição de um Indicador de Competência Comportamental?

Assim, o Inventário Comportamental traz a definição que "O Comportamento observável é o Indicador de Competência Comportamental".

Definição do Inventário Comportamental

O Inventário Comportamental para Mapeamento de Competências é uma Lista de Indicadores de Competências *que traduz a conduta do Comportamento Ideal desejado e necessário para que a Organização possa agir alinhada à Missão, Visão, Valores e a Estratégia da Organização.*

A Construção do Inventário Comportamental

Vamos partir do princípio de que todo o processo de sensibilização da organização para a implantação de Gestão por Competências tenha sido executado.

Anexo II – O Inventário Comportamental para Mapeamento... 93

O primeiro objetivo é encontrarmos as competências organizacionais. Existem muitas formas para fazermos referência às competências de uma empresa, como competências essenciais, diferenciais, *core competence*, competências do negócio etc. O objetivo, neste momento, é encontrar todas as competências que são necessárias para a organização, independentemente de serem essenciais ou qualquer qualificação que possa ser dada.

Geralmente uma empresa deve ter de 8 a 15 competências (incluindo todas as competências). Mais do que isso é inviável ser trabalhado. Algumas metodologias, profissionais ou empresas dizem que conduzem processos com mais de 30 competências. Isso não é prático e é subjetivo, pois chega um momento em que fica difícil dizer qual a diferença do trabalho em equipe e cooperação, por exemplo.

Como mencionado anteriormente, não iremos trabalhar com os títulos da competência, pois essa não é a nossa linguagem do dia a dia. Costumo usar o seguinte exemplo para ilustrar essa afirmação: quando passa uma pessoa por nós, não dizemos ou pensamos: "Nossa, que pessoa com Foco em Resultados!", mas somos capazes de observar os comportamentos dessa pessoa de forma a chegarmos à conclusão de que ela tem a competência Foco em Resultados.

Para alcançarmos o primeiro objetivo, a identificação das competências organizacionais, vamos escolher, portanto, uma amostra de colaboradores de todas as funções, desde a mais simples até o diretor ou o presidente da empresa, dependendo da estrutura organizacional.

Por exemplo, se para o exercício de uma função forem necessários 30 colaboradores, escolha de seis a oito colaboradores dessa função. Caso haja uma função exercida por dois ou três colaboradores, todos podem ser escolhidos.

Não existe um percentual exato a ser escolhido, mas precisamos ter em mente o seguinte: quanto maior o número de colaboradores na mesma função, percentualmente esse número é menor. O importante é ter "colaboradores-representantes" de cada uma das funções da organização.

Esses colaboradores serão colocados em uma sala (pode haver diversas turmas, de acordo com a capacidade da sala). Deve ser feita uma categórica exposição e sensibilização da Missão, Visão, Valores da empresa, da responsabilidade e parcela de contribuição de cada colaborador, o papel que o gestor exerce na condução das pessoas para os objetivos organizacionais e a explicação do que é Gestão por Competências e como ela contribui para esses objetivos.

Após essa sensibilização, é dada a notícia de que os colaboradores presentes ajudarão na construção da Gestão por Competências por meio de uma atividade de observação, chamada "Gosto/Não Gosto/O Ideal Seria".

Após toda a explicação do processo será entregue uma folha com três colunas. As colunas terão os títulos "Gosto", "Não Gosto" e "O Ideal Seria", respectivamente.

Gosto	Não Gosto	O Ideal Seria

Figura 24: Folha de coleta do Inventário Comportamental

Os colaboradores serão orientados a pensarem em cada pessoa com as quais eles se relacionam na organização: subordinados, superiores ou pares, clientes ou fornecedores internos. Ao pensar na primeira pessoa, o colaborador deve anotar na coluna "Gosto" os comportamentos dessa pessoa que são admirados por ele e que contribuem para a organização.

Dessa mesma pessoa, porém na coluna "Não Gosto", devem ser registrados os comportamentos que o colaborador julgue que não sejam adequados e, na última coluna, "O Ideal Seria", ou seja, quais os comportamentos que precisam ser "desenvolvidos" nesse colaborador para que a organização atinja o MVVE – Missão, Visão, Valores e Estratégia da Empresa.

As colunas "Gosto" e "Não Gosto" traduzem os comportamentos que serão transformados em competências do hoje, enquanto a coluna "O Ideal Seria" traduz os comportamentos necessários para que a empresa possa atingir o amanhã, dado pela Visão.

Orientações para a Aplicação do "Gosto/Não Gosto/O Ideal Seria"

- Sensibilizar e destacar MVVE – Missão, Visão, Valores e Estratégia da Empresa.
- Não há limites de comportamentos a serem registrados.
- Cada colaborador recebe uma única folha de Coleta.
- A reflexão deve ser feita sobre todas as pessoas com as quais o colaborador se relaciona, registrando todas as frases na mesma folha.
- Não identificar quem está respondendo e de quem é o comportamento.
- Não é necessário escrever novamente um comportamento caso este já esteja relacionado.

A contribuição dos colaboradores termina aqui. Temos em mãos diversas folhas com todos os indicadores de comportamento que a organização precisa segundo a visão da própria organização, desde a função mais simples até a visão de futuro, representadas nos indicadores gerados pelos gerentes, diretores, presidente.

Diferente da metodologia tradicional, que parte da análise do colaborador *Top Performance* (melhor desempenho), o Inventário Comportamental consegue atingir ***todos*** os colaboradores pelo registro das observações dos colaboradores participantes da coleta, pois mesmo que um colaborador não esteja ali, certamente ele será observado. Além disso, a estrita observação do colaborador de *Top Performance* pode não traduzir o perfil ideal para o amanhã, dado pela Visão da empresa.

Assim, pela atividade da coleta temos os indicadores bons (coluna "Gosto"), os ruins (coluna "Não Gosto") e os que precisam ser "implantados/desenvolvidos" (coluna "O Ideal Seria"). Por exemplo:

Gosto	Não Gosto	O Ideal Seria
■ Soluciona, de forma rápida, os problemas do cliente. ■ Traz soluções criativas para os problemas que parecem difíceis de resolver.	■ Não é cortês com os colegas de trabalho. ■ Não sabe ouvir os feedbacks. ...	■ Fosse objetivo ao expor suas ideias. ■ Confraternizasse os resultados obtidos. ...

Figura 25: Exemplo de Coleta do Inventário Comportamental

O próximo passo é consolidar esses indicadores, transformando-os:

- No infinitivo.
- No sentido ideal para a organização.
- De forma afirmativa.
- Eliminando os duplicados ou de mesmo sentido.

De acordo com o exemplo acima, temos os seguintes indicadores consolidados:

- Solucionar, de forma rápida, os problemas do cliente.
- Trazer soluções criativas para os problemas que parecem difíceis de resolver.
- Ser cortês com os colegas de trabalho.
- Saber ouvir os feedbacks.
- Ser objetivo ao expor suas ideias.
- Confraternizar os resultados obtidos.

Esses são os indicadores que a organização precisa e que deve buscar em seus colaboradores. Agora, utilizando uma lista de competências, como as disponíveis na literatura, basta associar cada indicador a uma competência. No exemplo, teríamos:

Anexo II – O Inventário Comportamental para Mapeamento... 97

Indicador de Comportamento Apurado	Competência Associada
Solucionar, de forma rápida, os problemas do cliente	Foco no Cliente
Trazer soluções criativas para os problemas que parecem difíceis de resolver	Criatividade
Ser cortês com os colegas de trabalho	Relacionamento Interpessoal
Saber ouvir os feedbacks	Relacionamento Interpessoal
Ser objetivo ao expor suas ideias	Comunicação
Confraternizar os resultados obtidos	Liderança

Figura 26: Associação de Indicadores às Competências Comportamentais

...e assim para cada indicador apurado.

O resultado dessa apuração será uma lista de Competências e cada uma com uma quantidade diferente de indicadores, por exemplo:

Competência	Total de Indicadores Apurados
Liderança	8
Foco em Resultados	10
Criatividade	7
Foco no Cliente	4
Proatividade	9
Empreendedorismo	4
Organização	5
Comunicação	8

Figura 27: Exemplo de Relação das Competências Organizacionais Comportamentais

Competências Organizacionais

As competências encontradas a partir da consolidação do "Gosto/ Não Gosto/O Ideal Seria" são as **_Competências Organizacionais_**, que foram visualizadas naturalmente, diferente da metodologia tradicional, que tem uma linha de dedução e subjetiva.

Após essa consolidação, um comitê estratégico deve fazer a validação dos indicadores e, por consequência, das competências.

A metodologia do Inventário Comportamental não exige que cada competência tenha aquela frase tradicional com um significado ou conceito do que é a competência para a empresa, pois temos algo muito mais preciso do que a frase, que são os indicadores de comportamento.

Se você desejar utilizar a frase, basta fazer sua composição, tendo como base os indicadores que traduzem o que significa a competência para a empresa.

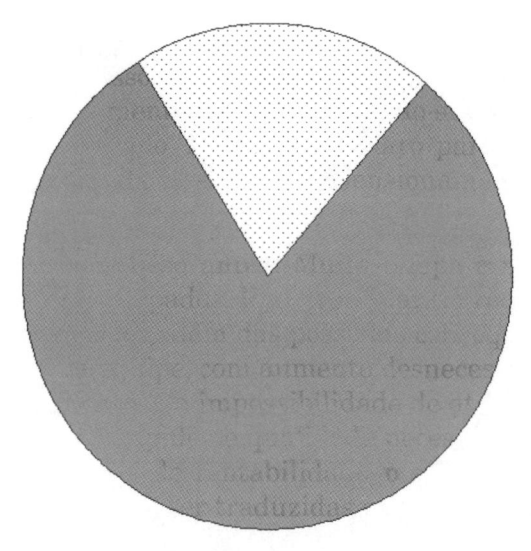

Figura 28: O Inventário Comportamental visualiza o significado da Competência para a empresa

Quando falamos simplesmente no título de uma competência temos um universo, representado pela circunferência completa da Figura 28. É a amplitude do conceito da Competência. Com o In-

Anexo II – O Inventário Comportamental para Mapeamento... 99

ventário Comportamental temos a identificação precisa de qual o significado da competência para a Organização (a parte mais clara do círculo) por meio dos seus indicadores, que são, de fato, os comportamentos necessários para que a empresa possa cumprir sua Missão e Visão.

Início do Processo Matemático

Como cada competência possui uma determinada quantidade de indicadores, o peso de cada indicador pode ser calculado de acordo com a fórmula:

$$Peso\ Indicador = \frac{Nível\ Máximo\ da\ Escala}{Quantidade\ de\ Indicadores\ da\ Competência}$$

O Nível Máximo da Escala é fixo de acordo com a escala utilizada. Por exemplo, em uma escala de 0 a 5, o Nível Máximo será sempre 5.

Assim, na Competência Liderança do exemplo acima, que tem oito indicadores, cada indicador vale 0,625; já na competência Organização, que tem cinco indicadores, cada um deles vale um ponto.

Competências de Cada Função

O próximo passo é identificar o "quanto" dessas Competências cada função precisa. São as Competências da Função.

Para cada função deve ser gerada uma lista com todos os indicadores apurados, sem mencionar as competências, apenas os indicadores. Essa lista é entregue ao superior da função que, junto a um representante desta última, determinará a necessidade desses comportamentos para a função, classificando-os como: "Muito Forte", "Forte", "Pouco Necessário", "Não se aplica". É a construção do Perfil Comportamental ideal. Veja o exemplo:

Planilha de Mapeamento de Comportamentos				
Função:				
Comportamento	Muito Forte	Forte	Pouco Necessário	Não se aplica
Criar Estratégias que conquistem o cliente	X			
Trazer ideias para desenvolver os produtos já existentes				X
Trazer soluções criativas para os problemas que parecem difíceis de resolver		X		
Apresentar alternativas para melhor aproveitar os recursos orçamentários			X	
...	...	...	...	...

Figura 29: Formulário de Mapeamento de Comportamentos da função

Os comportamentos classificados como "Pouco Necessário" e "Não se Aplica" serão desprezados. Outras funções poderão utilizá-lo. Assim, aqueles marcados como "Muito Forte" e "Forte" são os comportamentos necessários para a função. Para cada competência aplica-se a fórmula do **_NCF – Nível de Competência para Função_**.

$$NCF = \frac{\text{Nível Máximo da Escala}}{\text{Quantidade de Indicadores da Competência}} \times \text{Qtde. de Indicadores Marcados como "Muito Forte" ou "Forte" para a função}$$

Por exemplo, considerando a competência Liderança com oito indicadores e que para uma determinada função quatro desses indicadores tenham sido marcados como "Muito Forte" ou "Forte", aplicando a fórmula do NCF temos:

$$NCF = \frac{5}{8} \times 4 = 2,5$$

Ou seja, a função em questão precisará de Liderança nível 2,5.

Esse nível é importante, pois será a representação gráfica que faremos da necessidade da competência para a função, mas o Inventário Comportamental oferece mais do que isso, traduzindo o que esses 2,5 representam, que são *os indicadores marcados como "Muito Forte" ou "Forte"*. São esses indicadores (comportamentos) que os colaboradores desta função precisam ter e que também devem ser procurados nos candidatos no processo de Seleção por Competência, de forma clara e objetiva.

Competências de Cada Colaborador

Para determinar o **NCC – Nível de Competência do Colaborador –** aplica-se a Avaliação Comportamental com Foco em Competências, que pode ser a Autoavaliação, 90o, 180o ou 360o.

Novamente o Inventário Comportamental é utilizado, pois basta transformar os indicadores apurados nas perguntas da avaliação, tabulando a resposta em uma escala de forma que o avaliador analise a frequência em que o avaliado apresenta cada um dos comportamentos.

Veja o exemplo:

102 Gestão e Dimensionamento da Força de Trabalho...

Avaliado : Avaliador:	Avaliação Comportamental					
	Todas as vezes (100%)	Muitas Vezes (80%)	Com frequência (60%)	Poucas Vezes (40%)	Raramente (20%)	Nunca (0%)
Cria Estratégias que conquistem o cliente?						
Traz ideias para desenvolver os produtos já existentes?						
Traz soluções criativas para os problemas que parecem difíceis de resolver?						
Traz soluções quando faltam recursos para um projeto?						
	...	...	...	...	...	...

Figura 30: Formulário de Coleta da Avaliação Comportamental

O cálculo do NCC deve ser feito para cada competência. O exemplo a seguir utiliza uma competência com oito indicadores, sendo que aqueles sinalizados com um asterisco são os indicadores necessários para a função que o suposto avaliado exerce, ou seja, que foram marcados como "Muito Forte" ou "Forte".

Anexo II – O Inventário Comportamental para Mapeamento... 103

Opções ⇒	Todas as vezes	Muitas Vezes	Com frequência	Poucas Vezes	Raramente	Nunca
Pontos Equivalentes ⇒	5	4	3	2	1	0
Indicador 1	X					
Indicador 2		X				
Indicador 3 *		X				
Indicador 4 *			X			
Indicador 5				X		
Indicador 6 *		X				
Indicador 7			X			
Indicador 8 *			X			

Figura 31: Tabela de Apuração da Avaliação Comportamental

Assim, considerando os indicadores 3, 4, 6 e 8 como necessários para a função, aplicando a fórmula do NCF verificamos que essa função precisa de nível 2,5, conforme exemplo já apresentado.

O NCC tem duas variações e respectivas fórmulas, que são apresentadas seguidas de sua resolução utilizando as respostas da tabela anterior:

NCCo = Nível de Competências do Colaborador em relação à Organização

$$NCCo = \frac{\text{Soma dos pontos da Avaliação de todos os indicadores}}{\text{Quantidade de Indicadores da Competência}}$$

$$NCCo = \frac{28}{8}$$

NCCo = 3,5

NCCf = Nível de Competências do Colaborador, em relação à Função

$$NCCo = \frac{\text{Soma dos pontos da Avaliação somente dos indicadores necessários à função}}{\text{Quantidade de Indicadores da Competência}}$$

$$NCCo = \frac{14}{8}$$

NCCf = 1,75

Portanto, temos:

$$NCF = 2,5$$
$$NCCo = 3,5$$
$$NCCf = 1,75$$
$$\textit{Gap} \text{ em relação ao } NCCf = 0,75$$

Anexo II – O Inventário Comportamental para Mapeamento... 105

O NCCf demonstra o nível de competência do colaborador em relação à função que ele exerce, ou seja, se comportamentalmente ele atende às exigências da função.

O NCCo demonstra o nível de competência do colaborador em relação à organização, ou seja, é tudo o que o colaborador tem daquela competência. Isso permite constatar se o colaborador é um talento, ou ainda, se ele pode ser aproveitado em outra função, pois muitas vezes encontramos um colaborador com um alto potencial em uma determinada competência, porém com um *gap* dessa mesma competência em relação à função que exerce.

O mais importante, entretanto, não é dizer que o *gap* do colaborador é de 0,75, mas ter a identificação dos indicadores em que ele foi pior avaliado e, a partir deles efetivamente oferecer o *Feedback* para Resultados e traçar o plano de treinamento e desenvolvimento específico, o que irá reduzir o *gap* e aumentar o desempenho, permitindo que a organização trabalhe com a visão de futuro da avaliação, que é desenvolver o colaborador.

Para mais detalhes consulte os livros que publiquei por esta mesma editora:

- *Aplicação Prática de Gestão de Pessoas por Competências*
- Gestão por Competências no Setor Público

Considerações Finais

Esses são os princípios do Dimensionamento da Força de Trabalho e da Gestão do Dimensionamento da Força de Trabalho.

Sem dúvidas, o DFT já é um grande desafio. A GDFT representa um desafio ainda maior. Inspirados, entretanto, no pensamento de Lee Iacocca, que diz "Seu Legado deveria ser o fato de ter transformado as coisas em melhores do que eram quando você as recebeu", esse processo de transformação é o que me motiva a encontrar meios para que as organizações sejam melhores e busquem a integração entre suas ferramentas.

Vimos, pelas técnicas apresentadas para o DFT e GDFT, a integração entre Mapeamento de Processos, Gestão do Desempenho, Gestão por Competências, Planejamento Estratégico, Políticas de Gestão de Pessoas, Gestão da Modernização e Demanda e Tendências de Mercado, como ilustrado na Figura 32. Se esse conceito ficou como diretriz neste ensinamento, fico satisfeito com o resultado deste livro.

Figura 32: Componentes que integram a Gestão do Dimensionamento da Força de Trabalho

Considerações Finais 109

Fica minha recomendação: antes de fazer o DFT ou a GDFT em toda a organização, não importa se Pública ou Privada, é válido aplicar essas técnicas em uma área piloto e verificar a melhor aderência à cultura da sua organização.

Certamente faltarão algumas informações, mas um processo não pode ser feito, logo no primeiro ciclo, já com a perfeição. Não quero dizer que temos que aceitar menos que o melhor, entretanto, cuidado, pois muitas pessoas e empresas ficam travadas na busca do "melhor", enquanto outras andam com o "melhor para o momento" na direção da perfeição. A busca da perfeição não pode ser descartada, mas faça o melhor do que pode ser feito hoje e, em seguida, já com maturidade, evolua no modelo.

Lembre-se de fomentar os ganhos com a aplicação do DFT, debatidos ainda no primeiro capítulo, mas esteja preparado para alguns fatores que dificultam a implantação, tais como:

- Movimentações constantes de pessoal.
- Revisões e alterações nos procedimentos durante o mapeamento.
- A dificuldade na obtenção de informações gerenciais e estatísticas, principalmente aquelas relativas ao volume da demanda e tempo de execução.
- A escolha da melhor técnica na área.
- A preparação dos profissionais envolvidos;
- A previsão do cenário futuro e seu impacto no DFT.
- A fragilidade das informações geradas, justamente por não haver registros históricos.
- A inexistência de informações básicas.
- O tamanho da organização e de postos de trabalho a serem mapeados, a capilaridade e a realidade diferente de unidades do interior, de pequeno, médio e grande porte.
- A cultura da empresa de hora extra para complemento de renda, que pode fomentar a geração de informação errada.
- Receios devido a desvio de função.

- Falta de comprometimento dos envolvidos no DFT e da própria gestão.

Resistência, corporativismo, querer mais pessoas para trabalhar menos.

Os desafios são enormes, mas o resultado é fantástico.

Encerro deixando meus contatos para ouvir comentários, críticas ou outras considerações, ficando à disposição para o que puder ajudar e com uma frase de São Francisco de Assis que, independentemente de religião, é inspiradora e motivadora para superarmos as dificuldades de um mundo tão agitado em que vivemos:

> *"Comece fazendo o que é necessário, depois o que é possível, e de repente você estará fazendo o impossível"*
> São Francisco de Assis

Até breve,

Contatos:

Rogerio Leme
rogerio@lemeconsultoria.com.br
https://www.facebook.com/rogeriolemeoficial

Leme Consultoria
www.lemeconsultoria.com.br
(11) 4401.1807

Bibliografia

HIPÓLITO, J. A. M. *Administração Salarial: A Remuneração por Competências como Diferencial Competitivo*. São Paulo: Atlas, 2001.

Revista de Gestão USP, São Paulo, v. 14, n. 2, p. 61-76, abril/junho 2007

KOCHANSKI, J. *Mais e Melhores Competências*. HSM Management, p. 24-28, nov./dez. 1998.

MARGERISON, C. J.; ASHTON, D. *Planning for Human Resources*. London: Longman, 1974.

MAXIMIANO, A. C. A. *Introdução à Administração*. São Paulo: Atlas, 1981.

MOHAMED, Z.; LEONARD, P. *Benchmarking Prático: O Guia Completo*. São Paulo: Editora

Atlas, 1995.

LEME, Rogerio. *Aplicação Prática de Gestão de Pessoas por Competências – Mapeamento, Treinamento, Seleção, Avaliação e Mensuração de Resultados de Treinamento*. Rio de Janeiro: Qualitymark Editora, 2005.

LEME, Rogerio. *Avaliação de Desempenho com Foco em Competências – A Base para a Remuneração por Competências*. Rio de Janeiro: Qualitymark Editora, 2006

LEME, Rogerio. *Gestão por Competências no Setor Público*. Rio de Janeiro: Qualitymark Editora, 2011.

PATTEN JR., T. H. *Manpower Planning and the Development of Human Resources*. Canadá: John Willey & Sons Inc., 1971.

SELLTIZ, C.; JAHODA, M.; DEUTCH, M.; COOK, S. W. *Métodos de Pesquisa nas Relações Sociais*. São Paulo: Ed. Pedagógica e Universitária, 1974.

TRIVIÑOS, A. N. S. *Introdução à Pesquisa em Ciências Sociais*. São Paulo: Atlas, 1987.

YIN, R. K. *Estudo de Caso – Planejamento e Métodos*. Porto Alegre: Bookman, 2001.

Sobre o Autor

Rogerio Leme é formado em Tecnologia Digital – Engenharia de Produção, MBA em Gestão de Pessoas pela FGV-SP, empresário, consultor de empresas, autor, palestrante e facilitador de treinamentos. É Diretor-Presidente da Leme Consultoria e Diretor de Estudos de Desenvolvimento Organizacional da ABRH-Brasil – Associação Brasileira de Recursos Humanos – gestão 2013/2015.

Especializado em Gestão por Competências, é autor da *Metodologia do Inventário Comportamental para Mapeamento de Competências*, que utiliza escala comprovada matematicamente para a mensuração de competências comportamentais, reduzindo a subjetividade do processo de mapeamento e avaliação e da *Metodologia da Avaliação de Desempenho com Foco em Competências*, que mensura a entrega do colaborador ou servidor para a instituição em um conceito amplo de Competências.

É autor da *Metodologia do BSC-Participativo*, uma metodologia que auxilia na implantação do *Balanced Scorecard*.

Tem os seguintes livros publicados:

- *Aplicação Prática de Gestão de Pessoas por Competências*
- *Avaliação de Desempenho com Foco em Competência – A Base para a Remuneração por Competências*
- *Seleção e Entrevista por Competências com o Inventário Comportamental*
- *Feedback para Resultados na Gestão por Competências pela Avaliação 360º*

- *Gestão do Desempenho Integrando Avaliação e Competências com o Balanced Scorecard*, com coautoria de Marcia Vespa
- *T&D e a Mensuração de Resultados e ROI de Treinamento Integrado ao BSC*
- *Gestão por Competências no Setor Público*, como organizador e autor
- *Remuneração: Cargos e Salários ou Competências?*, em coautoria com Romeu Huczok
- *[Re]Descobrindo a Matriz Nine Box*
- *Gestão e Dimensionamento da Força de Trabalho para Empresas Públicas e Privadas*

Como consultor e responsável técnico, atuou em diversos projetos em empresas públicas e privadas, entre elas:

Organizações Privadas: SENAC-SC, FIERO, SESI-MT, FIEMT, Santa Casa de Misericórdia de Maceió, SGD Brasil (Grupo Saint-Gobain), Tintas Coral, contém 1g, Hospital Aliança, Emulzint, SaarGumi, Piramidal, Prosoft, Aon Affinity, Caixa Seguros, Cereser, Dixie Toga, Click Automotiva, Móveis Rudnick, Grupo Petrópolis, Cia Fluminense – Coca Cola, Facchini, Giroflex, Jaraguá Equipamentos, Nissin, Escola Bahiana de Medicina e Saúde Pública, Laboratório Leme, SBP – Sociedade Brasileira de Patologia.

Organizações Públicas: STF, STJ, TJ-BA, TJ-RO, TJ-MT, TJ-TO, TJ-RN, TRT-1ª Região, TRT-4ª Região, TRT-5ª Região, TRT-7ª Região, TRT-8ª Região, TRT-9ª Região, TRT-13ª Região, TRT-15ª Região, TRT-17ª Região, TRT-19ª Região, TRT-20ª Região, TRE-SP, TRE-RJ, TRE-MG, TRE-BA, TJM-SP, STN-DF, SCGE-PE, TCE-MT, EMBASA-BA, CONDER-BA, PM Cuiabá-MT, PM Recife-PE, AL-MT, Caixa Econômica Federal, Compagás-PR, SEFAZ-MT, SEFAZ-PE, UFABC, CETEA-SP, ICESP-SP.

Como Diretor-Presidente da Leme Consultoria, especializada em Desenvolvimento Humano e Tecnologia em Gestão de Pessoas, posicionou a empresa com o diferencial de sistematizar os processos de gestão de pessoas e de estratégia empresarial, transformando-os em soluções práticas, inovadoras e acessíveis às organizações. Suas experiências na área de sistemas permitem que os projetos da Leme tenham o apoio de softwares desenvolvidos pela própria consultoria, proporcionando agilidade, qualidade e efetividade nas implantações em empresas de todos os portes, de origem pública e privada.

É conferencista, palestrante e facilitador de treinamentos abertos e *in company* em todo o Brasil.

Contatos:

Rogerio Leme
rogerio@lemeconsultoria.com.br
https://www.facebook.com/rogeriolemeoficial

Leme Consultoria
www.lemeconsultoria.com.br
(11) 4401.1807

Outros livros de Rogerio Leme

Aplicação Prática de Gestão de Pessoas por Competências

Este livro é o Guia para Gestores de Pessoas e de Recursos Humanos no que se refere a Gestão por Competências. Através de uma metodologia extremamente simples, o Inventário Comportamental para Mapeamento de Competências, o autor apresenta ferramentas práticas, acessíveis e realmente possíveis de serem implementadas, atendendo as seguintes expectativas:

- Mapeamento de Competências
- Avaliação com Foco em Competências
- Treinamento com foco em Competências
- Seleção por Competências

E ainda apresenta caminhos concretos para que sejam mensurados e comprovados os Resultados de Treinamentos.

Um dos destaques é a comprovação matemática da metodologia que elimina a subjetividade existente nos processos tradicionais de mapeamento. É a única metodologia comprovada matematicamente disponível na literatura.

Por meio de uma linguagem simples, esta obra atende os interesses e necessidades de Gestores de todos os portes de empresa, sem exceção, servindo também como referência para nível acadêmico.

Aplicação Prática de Gestão por Competências tem uma meta ambiciosa, porém realista: Fazer com que o leitor possa realmente implantar Gestão por Competências utilizando os recursos da sua própria empresa.

Avaliação de Desempenho com Foco em Competência – A base para a Remuneração por Competências

Este livro apresenta uma ampliação do conceito de competência que vai além do tradicional CHA – Conhecimento, Habilidade, Atitude –, visualizando o que o colaborador efetivamente entrega para a organização. É o conceito de Entrega.

Este conceito é fundamental para que as empresas tenham argumentos precisos para avaliar o Desempenho do Colaborador, mas não como no método tradicional de avaliação de desempenho, e sim a Avaliação de Desempenho com Foco em Competências.

Após diversos estudos e pesquisas, foi observada a escassez de literatura que apresente de forma clara, prática e objetiva como efetivamente implantar a Remuneração por Competências. Há sim, muitas literaturas, mas elas não detalham como fazer e, principalmente, a possibilidade de aplicação coerente com a estrutura das empresas; a "Avaliação de Desempenho com Foco em Competência" vem suprir essa lacuna.

O objetivo desta obra é apresentar de forma didática e prática construção de ferramentas de avaliação que, juntas, irão compor o Coeficiente de Desempenho do Colaborador, que retrata a sua entrega à organização, de forma alinhada ao conceito de ampliação do CHA das competências, sendo este uma referência comprovada para a Remuneração com Foco em Competências.

Por meio de uma linguagem simples, esta obra atende aos interesses e necessidades de Gestores de todos os portes da empresa, sem exceção, servindo também como referência para nível acadêmico.

Seleção e Entrevista por Competências com o Inventário Comportamental – Guia Prático do Processo Seletivo para a redução da subjetividade e eficácia na Seleção

Seleção e Entrevista por Competências com o Inventário Comportamental é um guia prático para os profissionais ou empresas que já atuam ou possuam recrutamento e seleção e queiram se aprimorar, assim como para Gestores de Pessoas, profissionais iniciantes ou empresas que queiram implantar essa Ferramenta. Também é recomendado para estudantes e professores para servir como referencial e suplemento didático.

A Metodologia apresentada propõe uma ampliação do conceito de Competências, indo além do CHA – Conhecimentos, Habilidades, Atitudes – trazendo a identificação no candidato de Competências Técnicas e Comportamentais, Resultados, grau de Complexidade e ainda com Valores, identificando a compatibilidade entre o candidato, perfil da vaga e Cultura Organizacional.

Feedback para Resultados na Gestão por Competências pela Avaliação 360° – Guia Prático para Gestores do "Dar e Receber" Feedback e a Transformação em Resultados

Feedback para Resultados é um guia prático para a implantação da ferramenta de Avaliação Comportamental através da Avaliação 360° e do preparo de Gestores de como "dar e receber" *feedbacks* de forma a promover a transformação de equipes para o alcance dos resultados organizacionais.

Utilizando uma linguagem clara e direta, este livro contribui para a atualização de instrumentos importantes do RH e sua adaptação a realidade e exigência do mercado globalizado em que vivemos.

Feedback para Resultados é recomendado para Gestores, RH, professores e estudantes de diversas áreas, dentre elas Recursos Humanos e Administração, enfim, a todos os profissionais que lideram equipes e precisam promover a transformação de resultados nas organizações.

Gestão do Desempenho Integrando Avaliação e Competências com o Balanced Scorecard

"Gestão do Desempenho integrando Avaliação e Competências com o Balanced Scorecard" é um guia prático para utilização da Gestão do Desempenho contemplando a integração dos instrumentos de Avaliação de Competências, Avaliação de Desempenho e de Estratégia Empresarial que utilizam o Balanced Scorecard.

Utilizando os conceitos da Avaliação de Desempenho com Foco em Competências e do Balanced Scorecard, o autor demonstra como ocorrem essas integrações na prática, apresentando um instrumento essencial na Gestão do Desempenho, o PDC – Painel de Desempenho do Colaborador, que possibilita o gestor visualizar os fatores que interferem no desempenho do colaborador permitindo que ele aja proativamente para que a Visão da empresa seja atingida.

Recomendado para Gestores, RH, professores e estudantes de diversas áreas, dentre elas Recursos Humanos e Administração, enfim, a todos os profissionais que lideram equipes e precisam promover a transformação da sua empresa, gerando resultados.

T&D e a Mensuração de Resultados e ROI de Treinamento Integrado ao BSC

Este livro é uma obra prática, direta, objetiva, no estilo "passo a passo" que apresenta uma abordagem contemporânea para o Levantamento de Necessidade de Treinamento, tornando-a mais eficiente e eficaz.

Apresenta também como executar a Mensuração dos Resultados de Treinamento, desde a avaliação de reação, passando pela avaliação de aprendizagem, comportamental de resultados e ainda o cálculo do ROI de Treinamento, além de trazer como fazer a integração dessas mensurações com o Balanced Scorecard, dando um enfoque estratégico para estas ações e para a área de Recursos Humanos.

"T&D e a Mensuração de Resultados e ROI de Treinamento Integrado ao BSC" é recomendado para Gestores, RH, professores e estudantes de diversas áreas, dentre elas Recursos Humanos e Administração, enfim, a todos os profissionais que lideram equipes e precisam promover a transformação da sua empresa, gerando resultados.

Gestão por Competências no Setor Público

Autor e Organizador

Autores:

Elsimar Gonçalves

Euclides Junior

Marcia Vespa

Paulo Santos

Renan Sinachi

Rodopiano Neto

Rogerio Leme

Romeu Huczok

Rosane Ribeiro

Gestão por Competências no Setor Público é um livro que apresenta a aplicação prática desta importante ferramenta de gestão de pessoas, porém, considerando as questões específicas e particulares da cultura das instituições públicas.

Os princípios da motivação humana e as diretrizes de liderança, na realidade, independem das características da empresa – pública ou privada. Entretanto, ao aplicar a Gestão por Competências no serviço público, a cultura e a maneira de superar os desafios do projeto são especiais neste setor, em função das relações trabalhistas serem diferentes do setor privado, tais como o concurso público, o estágio probatório, a estabilidade do servidor, entre outras.

Este livro traz como implantar a Gestão por Competências, pautadas nas metodologias do Inventário Comportamental para Mapeamento de Competências e da Avaliação de Desempenho com Foco em Competências, apresentadas de maneira estruturada, sem ser uma simples coleção de textos dos autores.

Remuneração: Cargos e Salários ou Competências?

O objetivo deste livro é proporcionar aos profissionais da área de gestão de pessoas, gestores de diversas áreas, empresários, professores, consultores, estudantes, advogados, juízes, sindicalistas, uma visão sistêmica numa linguagem simples de duas ferramentas bastante utilizadas, os famosos planos de cargos e salários, e a moderna gestão por competências.

Primeiro, para entender, segundo, sobre como utilizá-las dentro das empresas, buscando a efetividade dos negócios, qualidade, produtividade, por meio da atração, retenção de pessoas e desenvolvimento humano. Terceiro, uma particularidade importante, atender a legislação trabalhista brasileira, evitando prejuízos.

Para ter sucesso na implantação de Plano de Cargos, foi dado um enfoque especial à importância do envolvimento das lideranças nos processos de implantação de projetos de R.H.

Outra atenção especial é o Setor Público, tão carente de ferramentas nessa área. Contemplamos as organizações públicas com um capítulo específico a elas dedicado.

[Re]Descobrindo a Matriz Nine Box

Quem são e onde estão os talentos e os potenciais da sua empresa? Como gestor, certamente você já passou por algum momento difícil, inclusive, olhando para sua equipe e buscando entender as dificuldades e limitações de cada membro do time para fazer algo com o objetivo de superar os desafios do dia a dia.

Quando a equipe é pequena, fazer a análise de potencial e talento é uma ação quase que empírica. Agora, imagine fazer esta análise com dez, vinte ou trinta pessoas? E ainda, imagine em uma empresa com cem, mil, cinco mil ou mais colaboradores, então?

Quem são e onde estão os talentos da sua empresa? Quem são e como fazer para identificar quais são aqueles que são potenciais e que precisam ascender na organização? Será que não deveríamos fazer uma leitura diferente entre desempenho e potencial? Quais as diferenças conceituais e práticas? Como identificar e, principalmente, como visualizar o posicionamento destes colaboradores dentro da organização?

Estas são as perguntas que este livro se propõe a responder utilizando uma ferramenta chamada Matriz *Nine Box*, porém, com uma ressalva: utilizando recursos para reduzir a subjetividade.

Se você não conhece esta ferramenta, esta é uma oportunidade para você Descobrir a Matriz *Nine Box*. Se você já a conhece, então, fica o convite para você [Re]Descobrir a Matriz *Nine Box* com a análise de Competência e Entrega, justamente o que permite reduzir a subjetividade da análise de potencial e, não como é aplicada tradicionalmente com a análise de Competência e Potencial.

QUALITYMARK EDITORA

Entre em sintonia com o mundo

QUALITYPHONE:
0800-0263311
Ligação gratuita

Qualitymark Editora
Rua Teixeira Júnior, 441 - São Cristóvão
20921-405 - Rio de Janeiro - RJ
Tel.: (21) 3295-9800
Fax: (21) 3295-9824
www.qualitymark.com.br
E-mail: quality@qualitymark.com.br

Dados Técnicos:

• Formato:	16 x 23 cm
• Mancha:	12 x 19 cm
• Fonte:	NewCenturySchlbk LT Std
• Corpo:	11
• Entrelinha:	13
• Total de Páginas:	148
• 1ª Edição:	2015
• Impressão:	GrupoSmartPrinter